名·师·教·育·坊

想象与思辨

——蒲儒刿名师工作室成员研修成果集萃

蒲儒刿名师工作室成员 编

四川大学出版社

图书在版编目（CIP）数据

　想象与思辨：蒲儒刭名师工作室成员研修成果集萃 / 蒲儒刭名师工作室成员编. — 成都：四川大学出版社，2023.6
　（名师教育坊）
　ISBN 978-7-5614-5179-3

　Ⅰ.①想… Ⅱ.①蒲… Ⅲ.①中学语文课－教案（教育） Ⅳ.① G633.302

　中国版本图书馆CIP数据核字（2022）第215334号

书　　名：	想象与思辨——蒲儒刭名师工作室成员研修成果集萃
	Xiangxiang yu Sibian——Pu Rugui Mingshi Gongzuoshi Chengyuan Yanxiu Chengguo Jicui
编　　者：	蒲儒刭名师工作室成员
丛 书 名：	名师教育坊

丛书策划：梁　平　唐　飞
选题策划：梁　平　王　静
责任编辑：王　静
责任校对：倪德君
装帧设计：裴菊红
责任印制：王　炜

出版发行：四川大学出版社有限责任公司
　　　　　地址：成都市一环路南一段24号（610065）
　　　　　电话：（028）85408311（发行部）、85400276（总编室）
　　　　　电子邮箱：scupress@vip.163.com
　　　　　网址：https://press.scu.edu.cn
印前制作：四川胜翔数码印务设计有限公司
印刷装订：成都市新都华兴印务有限公司

成品尺寸：170 mm×240 mm
印　　张：11
字　　数：205千字

版　　次：2023年6月 第1版
印　　次：2023年6月 第1次印刷
定　　价：58.00元

本社图书如有印装质量问题，请联系发行部调换
版权所有 ◆ 侵权必究

扫码获取数字资源

四川大学出版社
微信公众号

引领·践行·收获

（代序）

　　四川省特级教师、正高级教师蒲儒刿是一位优秀的名师工作室领衔人。2011年至今，他承担了三届区级工作室、两届市级工作室的主持工作，带领工作室成员行走在探索语文学习和教育教学的路上，坚持十多年，难能可贵。

　　我与蒲老师相识多年，初识就感到蒲老师谦逊、好学、健谈。因工作关系我与他的交往逐渐深入，更感受到了他待人真诚、扎实的专业功底、深厚的学养、坚持不懈的精神及对教育深厚的情怀。蒲老师不仅对自己的成长有严格的要求，而且借助工作室平台，立足于"诚于道，工于思，精于艺，笃于行"理念，抓住"课堂即研修""课题是主线""读书做引擎""研修共同体"四个聚焦点，带着众多教师走在路上，一起研修、践行、成长，留下了很多成果。

　　本书由"教学叙事""教育叙事""研修叙事"三部分组成。第一篇"教学叙事"主要体现的是工作室成员的教育教学思想和思考，既有教学共同点的展示，更有教学个性化的体现，在一定程度上体现了工作室成员在研修中将新的理念转化为教学行为的过程。第二篇"教育叙事"多着眼于学生的教育问题。此处体现的是师生关系，重点是教师在面对学生的问题时主动承担教育责任，对学生高度关心、及时沟通，并进行相关心理疏导。从这里我们可以感受到教师不仅要用心教书，也需要用心育人。透过语言文字，读者能感受到浓浓的教育情怀。第三篇"研修叙事"致力于在研修中更新教育教学观念，从"阅读同心圆"出发，强调教师应该增强学科专业阅读和拓展性阅读，体现阅读的厚度和阅读视野的广度，从而增强自己教育教学的功底，进而提升学生解决现实问题的能力。这部分主要收录了教师的"教学手记""读书笔记"和"研修心得"，反映了教师的研修状态和读书状态。三篇内容各有侧重，相互支撑，相互辉映，充分体现了他们主张的语文课堂教学"六化"（生活化、情境化、结构化、可视化、艺术化、游戏化）精神，同时在教育和教学实践中，书写了他们的教育人生。

在蒲老师的带领下，名师工作室各成员合理规划了自己的语文教育人生。在多样的主题活动中，提升自己的教育理论；在互动的探讨中，明确自己奋斗的方向；在课堂的践行中，探索教学的方向；在课后的反思中，提升教学的能力；在课余的思索中，完成教学论文和文学作品的创作。他们以敬业的精神、用心的态度、勤勉的劳动，表达了教师的教学反思。

虽然有些文章叙事还不够丰富、语言还要再提炼、表达还能更准确、思考还要再深入、课例设计还要再优化，在"想象"和"思辨"内容方面还有待加强，但教师们都是联系自己对学科的理解和教育教学实践进行了认真的思考和用心的探索，不乏有见地的文章。那一个个语言符号，流淌出的是赤诚的教育情怀；那一个个跳动文字，演奏出的是教育乐章；那一个个课堂教学叙事，凝聚的是对教学的思考；那对学生细致的关心和耐心的疏导，折射出的是教育的温度；那一篇篇诗歌和散文，放飞出的是心灵和想象的翅膀……

在蒲老师的引领下，名师工作室各成员用心学习且勤于交流，并结合自己原有的教学经验，大胆探索，勇于突破，努力践行，不断反思，成长迅速，学员也逐渐成长为学校教育教学的顶梁柱。他们中有正高级教师，还有区市级学科带头人、优秀教师、优秀班主任，有校长、副校长，还有教坛新秀，等等。这群有梦想、有思考且乐于追求的学员在蒲儒刿名师工作室的引领下，必然会在教育教学的路上，不断完善、提升和超越自己，更上一个台阶。

今受蒲老师的邀请为本书作序，感其是真正的语文人、真正的探索者、真正的团队引路人和新教育理念的践行者，感其工作室教学与教研双举并进、学员的整体成长，为此写下以上感受，聊作小序。

程一凡
2022 年 9 月 26 日于耕耘斋

（程一凡，成都市教育科学研究院原高中语文教研员，四川省特级教师，正高级教师）

目　　录

第一篇　教学叙事

从《傅雷家书两则》看亲子关系 ………………………………… 艾　刚（3）
让思辨成为一种习惯
　　——对写人记事散文阅读教学的思辨 ……………… 陈剑泉（7）
我眼中的"诗与思" ……………………………………………… 何春阳（12）
此情可待成追忆，只是当时已惘然 ……………………………… 胡绍华（16）
走向"深刻"
　　——议论文写作教学中的思维探索 …………………… 冷莉梅（19）
基于学生问题的教学是最好的教学
　　——一堂文言文翻译课的启示 ………………………… 李红梅（24）
感性·知性·理性
　　——有关语文课的体验与思考 ………………………… 蒲儒刿（28）
语文课堂应聚焦学生的兴趣点
　　——一次学生演讲带来的启示 ………………………… 任萍华（33）
呈现思维过程 ……………………………………………………… 吴晓菲（37）
师生同行　教学相长 ……………………………………………… 向宝泉（40）
思维课堂阅读教学探究 …………………………………………… 肖赤峰（43）
德融语文　启智润心 ……………………………………………… 杨　敏（48）
教学叙事三则 ……………………………………………………… 袁记双（52）
寻求文言文教学的突破
　　——古代议论性散文单元教学尝试 …………………… 王华美（56）
诗意的微光渗入高三学生学习的罅隙 ………………………… 文春霞（60）
课堂生成　思维深入 ……………………………………………… 张　捷（63）

第二篇　教育叙事

口罩的故事	艾　刚	（69）
一位潜能生转变的艰难历程	陈剑泉	（72）
陌生来电	陈　丽	（77）
以人为本　尊重包容	何春阳	（80）
润物无声	胡绍华	（84）
以爱浇灌　花自盛开	黄晓红	（88）
成为孩子们心里的那道光	李　霞	（92）
怀揣月亮的男孩	刘小芳	（96）
引导学生树立正确的爱情观	蒲儒刿	（99）
教育应立足于学生未来的发展		
——与拔尖学生交流带来的启示	任萍华	（103）
一朵花开	谭　艳	（107）
那份难得的遇见	王　玉	（111）
积极鼓励催开心灵之花	文春霞	（114）
坚守那份热爱		
——我的农村教育故事	杨　敏	（118）
慢慢打开那扇门	张　捷	（121）
我的教育故事		
——平凡的色彩	周涛蕾	（126）

第三篇　研修叙事

培养学生的阅读能力与写作能力	胡绍华	（133）
用思维导图理顺生活之网	冷莉梅	（136）
情注教育　眼界决定境界	刘仁洪	（141）
追求语文教学之道		
——重读《语文教学谈艺录》有感	王华美	（144）

附　录

附录一　个人创作	（151）
附录二　蒲儒刿名师工作室历届成员名单	（165）
后　记	（168）

第一篇 教学叙事

本篇包括十六则教学叙事，有课堂教学方面的叙事，也有其他教学活动方面的叙事。

这十六则教学叙事有着叙事者的教育教学思想和思考。叙事者带着自己的语文学科教育教学设计理念，在实际教学过程中生成新的教育教学思想与心得，使最初设计的教育教学理念得到了落实和增值，当然也包含修正当初的设计思想形成新结论；进一步讲，教师教育教学理念的"落实""增值"或"修正"，最终源于师生互动、生生互动所形成的学习共同体的具体实践，即师生共同的思考活动——感知、理解、想象、联想、分析、综合和评价等思维活动。由此，他们的教育教学目标得以实现。

教师与学生之间的互动与共生、增益与共进，呈螺旋式上升，这正是语文教学的力量所在。这些教学叙事在相当程度上贯彻了语文课堂教学的生活化、情境化、结构化、可视化、艺术化和游戏化等理念。

生活化。教育是为人生和生活服务的，母语学科的天然属性必然与真实人生、生活相关联，否则便会失去活力。而当我们的语文与人生或生活发生关联时，课堂教学和语文活动就灵光显现。

情境化。生活是感性的、具体的和鲜活的，教师应该回到生活情境，回到具体场景，在语文课堂或语文活动中让学生能设身处地去思考、体悟和分析。情境化并非一个"热词"，而应是一种常态。

结构化。在特定的教学目的之下，教师的教学设计应实现逻辑自洽，更要力求简明，语文课堂或语文活动的推进直至完成才会行云流水、水到渠成。

可视化。思维可视化技能既是达成教学目标的工具，也是连接教师与学生、学生与学生思维的便捷通道，它兼具人文性与工具性，切合了语文学科的特性，顺性而为才能事半功倍。

艺术化。文学艺术作品的阅读与写作是语文学科的主体内容，若能打通其与绘画、音乐、建筑等艺术门类之间的壁障，就能产生富有成效的实践效果，这对教师的素养要求颇高。

游戏化。它在生活化、情境化、结构化、可视化、艺术化的基础上，才能实现相关的综合与跃升，是语文教师可望可即的语文课堂教学的更高境界。

教学叙事者的叙事相同又不同——各位在语文课堂和语文活动中展示出丰富多样的创造性。这当然得益于各教学叙事者基于各自特定的教育思想所开展的真实教学活动，它们合乎逻辑地显示出了个人的教学思考和教学特色等个性化气质。

从《傅雷家书两则》看亲子关系

成都石室蜀都中学　艾　刚[*]

在学习《傅雷家书两则》一文的过程中，我有感于傅雷和他的孩子如朋友般的关系，一下想到许多家长向我抱怨他们的孩子不懂事等经历。作为一个初中生的父亲，又作为一名中学教师，我对亲子关系的复杂性也有很深的感悟。

在课文教学末尾，我设计了如下的教学活动，希望能对其他人有启示作用。

傅雷在一封家书中说过：我高兴的是我又多了一个朋友；儿子变成了朋友，世界上有什么事可以和这种幸福相比呢！请学生从文中找出这种"父子如朋友"的境界体现在哪些地方。

学生在找了文中的相关信息作答之后，我借机让学生思考自己和父母的关系。

师：同学们，你们希望自己的父母把你们当朋友看待吗？

生：想！

师：和父母的关系如朋友的举一下手呢？

没有人举手。

师：为什么不能实现这样的愿望呢？是父母的问题，还是你自己的问题？或者是你和父母都有问题？或者其他原因？

学生沉默，思索。

师：你遇到问题了，因不能解决问题而苦恼、难过、不开心，第一个会想找谁倾诉？

生：朋友。

师：为什么不是父母？

学生沉默。

师：你们认为父母愿意和你们做朋友吗？

---

[*] 教育信条：守正笃实，行稳致远。

多数学生说愿意。

师：你们愿意和父母做朋友吗？

多数学生说不愿意。

生：不是我们不愿意和父母做朋友，而是父母从来没有把我们当朋友，他们只是嘴上常常说要和我们做朋友。

这个学生的话得到了很多学生的赞同，看来其他学生有同感。于是此时我作为一名教师，想要了解一下学生的想法。

师：谁能举例说明一下吗？

有学生在下面小声议论，有学生表情犹豫，我等了一会儿，终于有学生举手了。

生1：在家里的时候，我多看一会电视，妈妈就说："不要看了，快去学习！"刚拿出手机，爸爸就说："又耍手机，视力下降了，成绩也下降了！不要玩了！"我觉得时刻被他们监视着，我和朋友相处可不会有被监视的感觉。

生2：我在家里得到的待遇与他说的差不多。

其他学生会心地笑起来。

生3：除不能玩手机、电脑外，还被要求做家务。比如，家里没有盐了，没有酱油了，没有电池了，都要我去买；吃完饭洗碗；等等。反正那些乱七八糟、零零碎碎的事，都是要我承包的。

其他学生又笑起来。

生4：在家里这样，在外面也这样。要求这个不能做、那个不能做。和同学出去玩，回家晚点就要挨骂，他们不会考虑是不是堵车了，不会考虑你在车站等车等了多久。

"就是。"一部分学生附和说。

生5：家长动不动就说我们的不好，责怪我们。还有就是，在外面和朋友玩的时候，一会儿就给你打电话，好像巴不得用绳子把我拴在他们身边，让我在朋友面前很没有面子，在外面玩得也不高兴。

有好几个学生点头，看来他们有相同的遭遇。

作为一名教师，我认为再往下发展就要变成学生的吐槽大会了，得引导一下后面的发展方向。

师：刚才你们说的都是在和父母相处中遇到的真实情况。从你们被父母带到这个世界开始，父母的角色就是管理者、指导者和命令者。十多年过去了，他们对自己身份的认同已经根深蒂固。哪怕有父母真心希望和子女做朋友，但是要改变多年养成的习惯可不容易。所以，我们常常被父母要求，甚至被父母呵斥。要让父母转变既定的角色，我们做子女的可以做点什么吗？我们能够向着和父母做朋友的方向努力吗？

学生沉默了，看得出来，他们在思考，在问自己：能吗？可以吗？

生6：父母不理解我们的想法，不知道我们的需求，我们也不认同父母的做法，主要是因为我们和父母的沟通交流不够。

生7：其实父母做了许多事，和我的朋友相比，父母比我的朋友做得多。比如我们希望得到朋友的呵护，其实父母比我们的朋友更呵护我们。我们想要在朋友那里得到感情的寄托，因为我们可以向朋友倾诉，却不好意思向父母说出来。

师：嗯，我们也可以给父母找点优点，找点像朋友的感觉。如果多沟通交流，说不定你们和父母之间就能更像朋友了。

生8：父母如果不总摆出一副高高在上的姿态，俯下身子听听我们的想法，我们还是愿意和父母亲近的。

生9：我们可以尝试着把父母当成朋友和他们交往，慢慢让彼此转换角色。

师：看来你们和父母之间不能成为朋友，这个问题你们和父母都有责任。有的出在你们身上，有的出在父母身上。有的父母不理解你们的想法，不认同你们的做法；你们觉得父母管得太多，用他们的标准要求自己。但不可否认的是，现实生活中你们在很多地方的确还需要父母的约束、指导和管理。如果你们多从对方的角度去考虑问题，很多问题就不是问题了，亲子关系就和谐了。

朋友之间感情很好，有共同语言也能经常交流，相处起来也会很舒服。朋友是志同道合、情意相投的，彼此之间有交情且情谊深厚。

兄弟姐妹间就是什么话都可以说，谁有什么困难都会得到其他兄弟姐妹的帮助！大家课后可以读读汪曾祺的《多年父子成兄弟》这篇文章。

话很简单，道理要你们去慢慢感悟，但不着急，我会陪着大家持续性地关注这些问题。

这节语文课类似于一节班会课，但是，能借助课堂学习的契机提高学生的认知水平，提升学生的思想境界，帮助学生解决实际问题，这何尝不是一件好事！初中生还缺乏换位思考的能力，他们既成熟又稚嫩，既开放又封闭，这个阶段的孩子很容易逆反甚至是叛逆。能够借课堂这个平台给学生一些帮助，对我来说是一件有价值且愉快的事。

当然，作为父母要想有和谐的亲子关系，是不是也应该主动向孩子靠拢，俯身倾听孩子的心声呢？

[**专家点评**] 这位教师心中有教育的现实问题，勇于触碰亲子之间心理隔阂这一"敏感话题"，再三启发，让学生宣泄情绪，打开教师与学生之间的交流之门。教师既是共情者，又是引导者；要循循善诱，引导学生实现换位思考，主动作为，引导学生向着"多年父子成兄弟"的理想愿景前进。

让思辨成为一种习惯
——对写人记事散文阅读教学的思辨
四川省双流中学　陈剑泉[*]

在教学中，未经思考的内容是不值得教的，当然也是无法教的，即使教了也是经不起推敲的。作为一名教师，要让思辨成为一种习惯。"教什么"需要思辨，"怎么教"需要思辨，"为什么要这么教"需要思辨，阅读教学需要思辨，写作教学需要思辨，梳理与探究也需要思辨。在思辨中教学，在教学中思辨，时时、事事、处处都要思辨。

在写人记事散文阅读教学的过程中，我对以前的教学行为进行反思，并不断将语文学科的本质特点和最新的语文课程标准联系了起来，现将我的思辨过程简述如下，希望对其他教师能有一定的启示。

一、对"单元提示"的思辨

"学习写人记事的散文"这一单元提示中强调了这类散文具有以下特点：所写之人和事都是真实的，文中融入了作者的情感和感悟，这类文章可以帮助读者提高认识。

根据这类散文的特点，单元提示中建议了学习这类散文的方法：第一，要透过对人与事的描写，仔细揣摩人物的言行、心理，体察人物的个性、情操看作者如何在人物描写中表现对人物品行的评价，看作者如何在叙事中表现或隐或显的情感倾向。第二，注意文章中哪些地方最能触动读者的心灵，哪些地方让读者过目不忘，想想原因。

此单元收录了鲁迅的《记念刘和珍君》和梁实秋的《记梁任公先生的一次演讲》两篇课文。如何学习这两篇课文呢？教师要思考两个问题：学生通过这两篇课文的学习应该收获些什么？如何学习这两篇课文？这两个问题既是教师要考虑的，也是学生要考虑的，应该由教师与学生来共同决定。

---

[*] 教育信条：教师的最高境界就是把自己变成一名学生。

首先组织学生讨论"单元提示",我提出了三个问题:第一,在单元提示中,第2段和第3段是什么关系?有没有主次之分?第二,单元提示中第2段和第3段分别是从哪个角度来提示的,请分别用一句话进行概括。第三,在阅读单元提示的过程中,大家收获了什么?对学习本单元的两篇课文有什么启示?

通过对以上三个问题的讨论,教师与学生之间解决了写人记事散文该学什么、学到什么程度、怎么学等问题,使散文的学习具有方向性和方法性。

二、对该单元课文学习的讨论与思辨

(一)学习《记念刘和珍君》

请学生带着以下三个问题自读课文:第一,鲁迅在文中写了刘和珍的哪些事?主要出现在哪些段落?鲁迅对这些事持什么态度?第二,鲁迅借刘和珍及其所作所为想表达自己什么样的情感和看法?第三,在此文的学习中有哪些收获?

通过设置认知情境引导学生,鲁迅在该文的第三、四、五段才开始具体写了刘和珍其人其事,包括他与刘和珍的交往、刘和珍生前在校的种种正义行为和刘和珍等青年被虐杀的具体经过,在写人记事的过程中,不时表达着自己的悲凉、哀痛与愤怒之情。

鲁迅写作本文的意图主要体现在前面第一、二段和后面第六、七段,主要有以下意图:第一,揭露当时政府的凶残和流言家的下劣,以此来表达自己对他们的愤怒。第二,指出庸人对这次流血事件逐渐忘却的现象,表达自己对此的感慨。第三,再现死难者的流血经历,表达自己的哀痛,使人们不忘却猛士们的鲜血和了解当时政府和流言家的真实面目。第四,反对徒手请愿的行为,放大请愿者牺牲的意义。第五,赞扬中国女子的勇毅,希望苟活者能从流血事件中看到希望,获得继续前进的动力。

我们发现,在第一、二、六、七段中,鲁迅直接表达了自己的情感和看法,第三、四、五段则是在写人记事的基础上表达了鲁迅的情感和看法,而且这种情感、看法与第一、二、六、七段保持着高度一致。

(二)学习《记梁任公先生的一次演讲》

请学生带着以下三个问题自读课文:第一,梁实秋在文中怎样叙写梁任公及其所做的这一次演讲?第二,梁实秋是怎样评价梁任公及其所做的这一次演讲?第三,梁实秋借梁任公及其所做的这一次演讲,想表达自己什么样的情感和看法？这些情感和看法在哪些段落得到了集中强化？

设置认知情境，引导学生学习并通过交流讨论，思辨以下问题：第一，写人记事。梁任公的学术文章会对青年产生哪些作用？梁任公对演讲的态度及演讲时的穿着、神态、精神面貌是如何进行描写的？梁任公演讲到《箜篌引》《桃花扇》《闻官军收河南河北》三个片段时他自身的表现及听众的反应是什么？引导学生从正侧面结合的角度理解梁任公的人物形象。第二，梁实秋写这篇文章的目的：一是赞扬梁任公是一位有学问、有文采、有热心肠的学者，指出当时缺少这样的人引领青年发展；二是表达自己也想成为像梁任公那样的人。这些情感和看法在文章的开头和结尾两段都得到了集中强化。

（三）总结两篇文章的共同点和不同点

共同点：这两篇文章都是写人记事的散文，都是作者根据当时的真人真事借题发挥，即作者借写人记事来抒发自己的情感或发表自己的看法；自己的情感和观点都集中体现在开头和结尾，《纪念刘和珍君》体现在第一、二段和第六、七段，《记梁任公先生的一次演讲》体现在开头一段和最后一段；两篇文章的中间部分都是写人记事，《纪念刘和珍君》在第三、四、五段写人记事，《记梁任公先生的一次演讲》除开头和结尾外都是写人记事。

不同点：《纪念刘和珍君》中作者的情感在文中直接倾泻出来；《记梁任公先生的一次演讲》中作者的情感被隐藏起来，读者需要仔细揣摩才能体会到。

（四）新知识总结

写人记事散文的结构中有一种叫作叙事圈层结构，文章的开头和结尾构成文章的外圈层，除开头与结尾外的其他部分构成文章的内圈层。作者的意图常常在文章的外圈层被确定下来，而确定下来的作者意图规定着内圈层写人记事的理解方向。读者在验证是否真正理解作者意图时，常常需要内外圈层的相互印证，如果内外圈层之间相互矛盾，则可能是对作者的意图理解有误。《纪念刘和珍君》和《记梁任公先生的一次演讲》都存在叙事圈层结构。

三、对教学过程的思辨

（一）对"单元提示"的思辨

对于语文课来说，学生要从写人记事散文阅读中学习什么，这是需要教师提前进行思辨的。

一是提取单元提示要点，二是厘清单元提示为什么要把这些内容作为要点，三是揣摩编者意图。提取要点要厘清单元学习内容和学习方法，并想清楚单元提示的要点是否具有学理性；揣摩编者的意图，将其与课程标准衔接起来，结合考虑本单元在学生学习与成长过程中要实现什么目的，及其会发挥什么样的作用。

（二）对课文理解的思辨

对于语文学科来说，课文需要理解什么？要理解到何种程度？要用什么方法理解？如何判断自己的理解是否正确？这些都是需要教师进行思辨的。

课文需要理解什么？要从语文学科的本质特点去审查，而不是从语文学科的基本特点去推测。语文学科教学的目的是教学生热爱祖国的语言文字……语文学科兼具工具性和人文性。从这一角度考虑，课文需要理解的是文本以何种形式传递内容、特定的文本内容需要选择什么样的文体、如何通过文本的形式去透彻理解文本内容等。

应将课文理解到何种程度？这就要与本单元的教学目标联系起来进行思考，教学目标是学习的起点和归宿，起点和归宿之间的距离加上学生的认知基础，决定了教师在课文学习中应该选择哪些方面辅助学生重点理解。学生的认知基础不同要求也会不同，比如，同一篇课文初中学生的理解应达到的程度与高中生应达到的程度有所不同。

课文需要用什么方法进行理解？这与文本的文体有关，应该根据文本的文体特点理解文本。文学文本与非文学文本的解读方式不同；同是文学文本，诗歌、散文、小说、戏剧各有不同的理解方法；同是非文学文本，学术论文、新闻、通讯、科普文章、说明文等也有各自不相同的理解方法。

如何判断自己的理解是否正确？这就要求理解要有逻辑性，要能够以文本为依据自圆其说，还要看文本的整体意图和文本的局部刻画是否前后一致，是否矛盾。对于写人记事散文的叙事圈层结构，则要看外圈层与内圈层是否能够相互印证。对于议论文来说，则要看观点与材料是否保持了一致性。

（三）对教学过程的思辨

对教学过程的思辨主要看其是否贯彻了以学生学习为本的原则，是否训练了学生的高阶思维、促进了他们理解力的提升。教师应思考将教学目标建立在学生的最近发展区内，教学过程为学生创设认知情境让学生自己去体验，给足时间让学生自己去探索，并能在恰当的时候给予学生点拨等。

教师应带领学生发现问题并寻找解决问题的方法，教师应指导学生思维向纵深发展而不是横向推移，检验学生的思维过程符合思维的逻辑规律等。

教师想要教的与学生应该学的是否保持一致，其评价标准要经得起学理审视，其评价方法要实现教学需要的信度和效度，确定教学目标是否可检测等。

这一次的散文教学使学生收获很多，学生的思辨能力得到很大提升。很多学生在学了这两篇写人记事散文之后，能模仿着写出类似的散文，并有板有眼地说出写作依据。

总之，我们既要养成思辨的习惯，同时还要学会思辨的方法，根据需要选择恰当的思辨方法。当思辨成为一种习惯的时候，我们的教学才具有真正的价值与意义，学生只有在思辨中学习，才能真正提升自己的思维能力。

[**专家点评**]聚焦"反思""思辨"，围绕"黄金三问"建构语文教学的基本思维模型，在"单元""课文"两个层面落实；思辨能力的训练目的是使学生能举重若轻地区分写人记事散文的"叙事"与"说理"、叙事圈层结构理论，把课文教学与课程标准关联起来，把语文与其他学科区分开来，照鉴文本的整体与局部之间的逻辑性，等等。

我眼中的"诗与思"

四川省成都市郫都区第一中学　何春阳[*]

"诗与思"是蒲儒刿老师语文教育思想中非常重要的概念。最初接触这个概念时，我感觉它有点高深莫测。但随着对蒲老师语文教育思想认识的深入，我越来越体悟到"诗与思"这一语文教育思想的精深微妙。

学习语文正是开启诗意人生的一条大道。一个"诗"字道出了语文教育的追求，涵养了诗意人生，丰盈了精神世界。思想使渺小的人变得高贵和有尊严，语文就是要教人学会思考，变成一个有思想的人。一个"思"字，指明了语文教育的方向：发展与提升学生的思辨能力，让思维之花绽放。蒲老师把"诗与思"界定为想象和思辨，认为思维就是力量，语文教育应该培养学生的想象力和思辨力，进而培养学生的创造性思维能力。这个界定把核心素养中"发展与提升思维"的目标具体化了：执思维之缰绳，拓思维之疆域，开语文教育新天地。蒲老师的思想，让我有一种豁然开朗的感受。

回想以前的语文课，我一直停留在"看山是山，看水是水"的层面。比如在学习《杜甫诗三首》时，我习惯一首一首地讲，从意象到意境，从意境到情感：《秋兴八首（其一）》抒发了其思乡爱国之情，《咏怀古迹（其三）》抒发了其怀才不遇的感伤，《登高》抒发了其贫病交迫、穷愁潦倒的伤痛。这么教让学生感觉很烦琐、很破碎、很肤浅、很平淡，总感觉还缺点什么。"诗与思"的教育理念告诉我，既要深入文本探寻其内部逻辑，又要跳出文本把握作者的整体意图。编者为何要把这三首诗放在一起？教者可否将这三首诗作为一个整体来教学？学习者通过学习这三首诗要习得什么？从培养形象思维、发展想象力的角度看，诗歌教学的一般路径是经由意象入诗，品味意象后进行意境赏析，最后再体悟作者想通过诗歌传递的感情，在这个过程中主要发展学生们形象思维能力。但诗歌教学的目标又不应仅限于此，否则，会窄化学生的思维空间，降低学生的认知水平。从培养思辨力的维度来看，诗歌教学可以有更高的

---

[*] 教育信条：做有温度的教育，培养高素质学生。

追求，我们可以整合教学资源，在引导学生进行比较辨析的过程中，发展逻辑思辨能力，深入认识杜甫的个人际遇和其忧国忧民的情怀。

基于以上思考，我决定尝试把这三首诗整合起来进行鉴赏教学，并确定了这几个核心问题。第一，筛选出三首诗的主要意象，展开联想和想象，看这些意象组合成了怎样的画面。第二，三首诗的景物和情感有何异同。第三，你从这三首诗看到了夔州生活期间怎样的诗圣形象。学生在阅读过程中筛选诗歌意象，进行合理的意象搭配，展开想象，再现了一幅幅逼真的夔州山川风物图景，如深秋时节、霜重露寒、落叶纷纷、枫林红染、江天冷寂、阴沉肃杀、黄昏青冢、夜月孤魂等。对这些特征性词语的把握，表明学生已进入诗歌的意境中去了。此外，学生发现了三首诗的意象主要有两大特征：一是伤感类意象，如玉露、枫树、巫山、巫峡、风云、丛菊、孤舟、青冢、琵琶、疾风、哀猿、落木；一是广阔壮大类意象，如江间、塞上、群山、万壑、无边落木、不尽长江。甚而有学生还提出了有明丽类意象，如玉露、枫树等。鉴赏至此，学生的思维已经从感性开始逐步向理性攀升，学生在阅读中产生认知冲突的时候也是需要进行深入阅读的时候。从三首诗的意象中可以看到感伤的、憧憬的、昂扬的杜甫。这个发现是学生整体聚合思维的成就和分析分类思维的成果，并在此基础上拾级而上——深度思辨，杜甫为什么会如此感伤呢？学生积极踊跃，合作探讨从而有了诸多发现。从其生活经历来看，夔州期间的杜甫，经长年漂泊流离，贫病交迫，长年寄人篱下，辗转他乡，思乡念亲；从时代背景来看，当时战乱频仍，民不聊生，他忧心忡忡；从个人抱负来看，诗人有家国情怀，有四方之志，然而始终不得重用，难以施展才华抱负。诗人为什么又有憧憬和昂扬的一面呢？从对未来展望来看，诗圣自身虽穷途末路，国家虽风雨飘摇，但他依然怀揣着希望与梦想，相信"病树前头万木春"，这是一颗破碎又坚定的心，尽管自己和国家都成了一颗病树，但他依旧憧憬生活，坚信春天来了，病树依旧会蓬勃生长，能生出青枝绿叶。对于生的期望与热爱，是每一逆境中的伟大灵魂共同的品性，这对学生而言，是多么好的生命教育啊！这么几个回合下来，感觉有整合、有新意，从诗到思是一个螺旋式上升的阅读过程，由浅入深，由感性到理性，思维一级一级地进阶，极大地提升了学生品读诗歌的能力，对学生很好地进行了人文教育。

"诗与思"的教学理念，让我在教学中找回了自己，回想从事语文教育的三十年，我曾度过了多少岁月，曾换过了多少场地，一次次的动摇，一次次的迷失，在众多的教案中求法，借鉴化用。但是语文教育要求教师要根据情境独创适宜的教学方法与教学情境。"诗与思"的理念就是要我们在教学中有自我、有个性，将教师教与学生学融为一体。在我看来，"诗"不仅是形象思维，还可以有美育的内容，如美的结构、美的语言、美的艺术、美的情思。语文教育就是要带领学生去体验、寻找、发现论述文中的说理之美、实用文本中的科学之美、文学文本中的艺术之美，有了美的体验和感受，才有了深度解读文本，探究其文化意蕴、哲理情思的基础。

在教授郁达夫的《故都的秋》的时候，教师如果仅仅停留在赏景与共情上，可能永远解决不了学生的认知冲突问题。作者既然喜欢故都的秋，不远万里都要赶到北平来饱尝故都的秋味，甚至"愿把寿命的三分之二折去，换得一个三分之一的零头"，为何又把故都的秋写得"深沉、幽远、严厉、萧索"？郁达夫喜欢故都秋的"清""静"，学生容易理解，但郁达夫喜欢其"悲凉"，这让学生很难产生认同感。这就需要教师从文化、历史、审美心理等维度深入分析郁达夫《故都的秋》中蕴含着的悲凉性审美。在教学中首先要带领学生充分理解全文，品读郁达夫对北国秋天的喜爱之情，引领学生品读郁达夫在描写故都的秋天时所选取的景色，初步体会郁达夫独特的审美趣味。无论是院子里"几根疏疏落落的尖细且长的秋草"，还是秋槐那"像花而又不是花的那一种落蕊"，或是秋蝉的"衰弱的残声"，或是"一层秋雨一层凉"，作者对秋天的描写都选用萧索的字词，看到的也是一些悲凉的景象。

接着带领学生了解郁达夫采用对比与类比的写法，深入体会"悲凉美"的审美意趣。将故都的秋天与江南的秋天进行对比。江南的秋天"只感到一点点清凉""草木凋得慢，空气来得润，天的颜色显得淡"，而故都的秋更浓烈、更有滋味、更隽永绵长，更能体现秋之萧索悲凉的季节特征。将郁达夫的《故都的秋》与老舍的《济南的秋天》进行比较，双方都称赞秋的"静""清"，郁达夫所选择的色彩十分清淡。而老舍呢，他喜欢的是红袍绿裤以及黄色，都是较鲜亮温暖的颜色。二者关注的景物也不同，老舍喜欢溪边的小妞儿、城河的柳树等，给人一种活泼、愉快、明朗的感受。而郁达夫多关注乡野的宁静和自然的趣味，在宁静中给人一种深沉、严厉、萧索之感。可见审美主体的不同和审美倾向的差异，使不同的作家有不同的审美倾向。这两篇文章并无高下之分，都表达了两位作者对秋的赞美与喜爱，只是用不同的角度关注了秋的景象，一个是感受生命最后的勃发之美，一个是体味生命的衰败之美。

最后带领学生一起探究郁达夫笔下秋天有一种"悲凉美"的原因。从自然之秋角度看，秋天有蓬勃美丽的一面，也有生命陨落的一面，勃勃生机固然令人欣喜，但萧瑟衰落也是生命的过程，值得人们去欣赏与品味。从文化之秋的角度看，"以悲为美"也是一种审美思想，"伤春悲秋"是中国文人的特质。从古至今很多中国文人对这种悲凉的美都有描写，如马致远的《天净沙·秋思》。从人生之秋的角度来看，以悲为美与郁达夫的个人气质、生平经历有关。郁达夫本身是一个矛盾的个体，一方面，他的家庭结构很特殊，祖父、父亲都英年早逝，家中只有祖母、母亲操持。郁达夫幼年家中贫寒，经常挨饿。个体的敏感性主要形成于孩提时代，郁达夫的孤独、敏感伴其一生。另一方面，过人的才情又使他为之骄傲。自卑与自傲纠结在一起，形成了郁达夫忧郁悲凉的气质和文风。

这个设计案从细读细品文本出发，从自然景观到文化景观再到生命景观，从想象到思辨，"语言、思维、审美、文化"四大核心素养都得到了观照。"诗与思"的教学理念，也帮助我把本次教学讲得通透，亦使学生学会了一种思维方式。该理念也有利于辅助建立优质教学所要依赖的各种联系，让教师在教学中迎接一次又一次的新相遇，促使课堂完整协调、生机勃勃。

[专家点评] 思维是各学科的"通项"，而"诗与思"是语文的思维特质。循"诗"而往，可直觉整体感知、细品文本；深而"思"之，又可洞悉这位教师的思想；亦诗亦思，诗思融合，生成一曲感性与理性、教学与教育、学习与生活的合奏。

此情可待成追忆，只是当时已惘然

成都石室蜀都中学　胡绍华[*]

有人说回忆如茶，越品味，越浓郁。而我认为回忆如山，越回味，越沉重。

如果回忆是茶，我早已品茗，其中有清香也有苦涩；如果回忆是山，我不知能否放下这份沉重。

虽然这件事发生在几年之前，但是现在想想依然难以释怀，因为我的无知，学生与奖杯失之交臂。作为一名教师，我应当忏悔，但我也知道，无论自己如何忏悔，那失去的奖杯都不可能穿越时空重新回到那位学生的手上。学生已毕业多年，天各一方，这遗憾的记忆镌刻在了灵魂上。

那年，我受学校委托带领学生参加成都市的"文轩杯"国学经典诵读比赛。学生使用的比赛资料是由成都市统一发放的《成都市国学经典诵读读本——高中阶段》[①]。

弘扬中华传统文化，培养学生文化自信，寻找丢失的"中国灵魂"，让学生在"经典"中领悟中华优秀文化，寻找千年根脉，赓续民族基因，让学生知道我是谁、我从哪里来，这是一个非常有意义的活动，学校让我来负责这个活动，这让我倍受鼓舞。

我和参赛学生并不是一个年级的，他们是胡老师班上的三位学生：一位男生，两位女生。我至今还记得他们的姓名，杨××，许×，杨×。

胡老师是这三位学生的数学老师兼班主任，非常支持学生参加这类活动。他认为，小而言之是为学生，这些活动是学生接触社会、了解社会、认识社会的窗口，他们可以和来自不同学校的同龄人交流，开阔眼界、增长见识；大而言之是为国家，这些活动可以让传统文化焕发出新的生命力，学生在活动当中可以加深对传统文化的认识和理解，毕竟民族文化还是要通过学生传承和弘

---

[*] 教育信条：教育是师生的双向奔赴，成就学生的同时，也在成就教师自己。

[①] 参见李诚、唐小林. 成都市国学经典诵读读本——高中阶段 [M]. 成都：四川师范大学电子出版社，2009.

扬，没有传统文化就没有国家和民族的文化自信。

唯有大量阅读才能为学生的未来奠定坚实的发展基础，唯有大量阅读才能让学生的可持续发展有无穷动力。

让传统文化不再被束之高阁，而在学生的心里开满生命之花，熏陶一代又一代的青年，滋养一代又一代的中国人，让他们从传统文化当中感受古人的为人处世之道、对待自然之道，方是学习传统文化的初衷。

本次"文轩杯"国学经典诵读比赛选择了老子的《道德经》。

每天早上，我都会早早地赶到胡老师班上，指导学生朗读、背诵《道德经》的经典选段、选句。胡老师也会辅助我对他们进行指导、抽查。看着学生一天比一天进步、一天比一天熟悉《道德经》，我非常开心，这三位学生是自觉性很高的孩子，只要老师布置了的任务，几乎不打折扣地完成。学习《道德经》必须在正常学习之外去完成，因此必须牺牲更多的休息时间或运动时间。我经常也会在操场上、办公室等地辅导他们。为了能更好地理解《道德经》的深刻含义，我还给他们每人买了一本相关的解析资料。

经过初赛，我们顺利地进入了复赛，学生都非常开心。对学生而言，最开心的事莫过于努力之后的收获。每次去成都比赛都得坐两个小时的车，我们就在车上互相提问、抽背，枯燥无聊的漫长车程成了我们美好的"驿路梨花"，学生的琅琅书声和爽朗笑声，时时透过车窗，飘荡在空气里，浸润在心田里；师生互相鼓励、打气的语言，温暖着每一颗跳动的心灵。

复赛在成都电视台举行，每所学校选择了十多名学生组建成啦啦队，为自己的学校呐喊助威。这是学生们第一次以这样的身份走进成都电视台，他们眼中充满好奇，这就是胡老师所说的增长见识吧。这档节目在成都电视台少儿频道录播厅展开录制。在这里，学生第一次见到经常出现在电视上的主持人——陈岳叔叔，他们第一次见识了节目录制的全过程。

在整个比赛环节他们都表现得非常棒。最后的背诵环节，某中学估计抽到了一道难题，他们未能背诵出来，季军是谁？就看我们学校的表现了，所以孩子们很紧张。抽到的题目是背诵《道德经》第五章的内容。许×看到题目后眼睛闪过一丝兴奋的光芒，她在克制自己内心的激动。果然，她毫不犹豫、一字不差地、流畅地背诵了出来，三个人都非常高兴，认为第三名非我校莫属。在全市几十所学校当中能够取得第三名的成绩实属不易。但是接下来，四川师范大学一位教师的话仿佛泼了我们一桶冰水，从头顶一直浇到脚后跟。我们未能得分，因为有一个通假字读错了。学生的气势一下子低到了冰点，走出演播厅，许×就委屈地哭了，她认为是她读错了字导致我们与奖杯失之交臂。我们都很失望，但是谁也改变不了这个结局，我感到一种很深的无力和无助，为什么没能更认真仔细地研究一下细节呢？但我没有时间去伤心，我们要做的第一件事就是去安抚许×。

我对许×说："你已经很棒了，这绝不是你的错，是老师不好，事先未能为你们扫除字词障碍，连老师都没看出那是一个通假字，何况你们呢？再说，能在全市这么多学校当中脱颖而出，已经是非常非常难得了，其他学校的学生不也没背出来吗，尽力就够了。人最大的敌人不是别人，而是自己，所以才有战胜你自己一说，可见战胜自己有多么困难。今天你能站在这个大厅，你已经赢了，因为你战胜了自己，你成功地完成了一次人生的蜕变。这一路走来，我们已经收获满满，由之前从来不读《道德经》，变成现在我们都能大段大段地背诵。在比赛中我们领教了对手的厉害，同时我们也让对手敬佩，我们一次次证明了自己的实力，让我们的校服展现在成都电视台，更重要的是，这次的人生经历是极为宝贵的。"

当然，我自己也知道这些说辞是多么苍白无力，看似稳操胜券的成功瞬间化为乌有，这种心情是难以用语言化解的。其实有时候，学生需要的仅仅是一份理解和鼓励，太多的语言反而可能会适得其反。

人生的成败有时候真的很难说，对于漫长的人生而言，一次小的失败算得了什么呢？只要我们不惧艰难，勇往直前，这次失败就只是一块垫脚石而已。失败是痛的，失败是苦的，但唯有尝过失败的痛、品过失败的苦，我们才更能珍惜成功的甜，也才会在未来的漫长人生路上越走越稳、越走越顺、越走越远。当时这些话在我心中翻滚，但我并未说出口，我只能用陪伴来让他们明白痛过后会印象更深刻，也越能有所收获。

几天之后颁奖典礼在金沙博物馆举办，我们获得了优秀奖，其实优秀奖也已经很难得了。那天的天气非常好，暖暖的阳光洒遍了金沙博物馆的每一个角落，当然也洒在我们所有人的身上。由于没有比赛的压力，学生也格外放松，玩得特别开心，照相的时候摆出各种姿势。我知道，其实通过这件事，他们已经成长了，这次挫折已经成为往事，他们一定会在未来的人生中接受更大的挑战。他们已经放下了，那么，我呢，我应振奋精神、精益求精，不再出现这样的错误。

[专家点评] 这是一次大型比赛活动的实录，记忆深刻之处在于因一个通假字读音之误，与荣誉失之交臂；在过程与结果、争与不争、成与败的纠结与挣扎中，师生都在这次经历之后增强了自我反思的能力。

走向"深刻"
——议论文写作教学中的思维探索
四川省成都市郫都区第一中学 冷莉梅[*]

《全国新课标卷 2015 年高考考试说明——语文》对作文发展等级的第一项"深刻"进行了这样的表述：透过现象深入本质，揭示事物内在的因果关系，观点具有启发作用。议论文是有严密逻辑思维的文体，如何在议论文写作中做到"透过现象深入本质"，成为广大语文教学工作者探究的问题。议论文的写作从本质上来说是思维的外化，从现象到本质的过程是运用思维开拓思想的过程。唯有思想深刻了，才能够让文章的"观点具有启发作用"，这样也才能写得深刻。在教学实践中，笔者力图探寻议论文写作的思维路径，尝试用以下三种方法让学生获得更深入的见解，写得更加深刻。

一、因果思维：连环归因法

《缘事析理 学习写得深刻》一文提到过"探究因果"的方法，然而探究因果是一个泛化的概念，这个概念直接指向了因果思维。[①] 从因果思维的路径走下去，既会得到深层次的因果，也会得到浅层次的因果。当学生使用因果思维去思考问题时，除非自身素养极高，否则往往只触及较浅层面。泛泛而谈"探究因果"，这个方法往往达不到最佳思维效果。

基于因果思维创立的"连环归因法"更加实用。所谓"连环归因法"，即对一个对象进行连环归因，先问"为什么会出现这一现象？"得到答案一，再针对答案一追问为什么得到答案二，如此无限追问下去，总能够接近最本质的原因，也更加接近深刻。

例如，我在教授《缘事析理 学习写得深刻》一文时，与学生共同探究了

---

[*] 教育信条：教育之道，即幸福之道。
[①] 参见人民教育出版社 课程教材研究所，中学语文课程教材研究开发中心，北京大学中文系语文教育研究所. 普通高中课程标准实验教科书 语文 5 必修 [M]. 北京：人民教育出版社，2022.

"青春片大热"这一现象。学生利用"连环归因法"的情况如下：

师：喜不喜欢青春片？

生：不喜欢。

师：为什么？

生：因为一些青春片剧情太不合理了，不符合我们的生活情况。

师：为什么会出现这些不合理的青春片？

生：导演拍的。

师：为什么导演要拍这样的影片呢？

生：为了圈钱。

师：有证据么？

生：某两部青春片花费了 4700 万元，票房却达到了七八亿元。两部片子一共只拍了 79 天，如果拍得久一点，片子可能效果会更好些，就是为了圈钱才拍得那么浮躁。

……

使用"连环归因法"要注意以下几个事项。其一，要切忌循环论证，学生在不断探究原因的过程中很容易陷入循环论证的陷阱。当出现循环论证的时候，学生必须跳出这种怪圈，重新寻找原因。其二，要切忌错误归因，"连环归因法"是一环扣一环的，当其中一环出现归因错误时，后面的原因链都会偏离真相，错误的归因不仅不会导向深刻，反而会导向谬误。其三，是切忌偏离方向，一个现象可能会有多个原因，然而只有其中一部分原因可以导向深刻，所以学生在进行连环追问的同时，需要不断调整追问方向，以免陷入偏离主题的窘境。

二、比较思维：要素置换法

当我们仅看一个事物或现象本身时，往往无法寻找到这个事物的特征。只有在相互比较时，在相同点和相异点的寻找过程当中，该事物或现象的本质特点才会渐渐浮现出来。而在比较之中，更容易走向深刻。

在事物的整体比较中迅速找寻到事物的本质特点不容易，如果将事物拆开成为基本要素，将各基本要素与其他事物相对比，就能够给人更多启示。另外，使用要素置换之后，必须加之"连环归因法"才能够产生较好效果。

在学习《缘事析理 学习写得深刻》一文时，将青春片分解为以下要素：导演、编剧、演员、观众、特效、服装和宣传等。首先由教师和学生确定关键要素：导演、编剧、观众、演员。接下来再将关键要素进行置换。

　　师：如果将某青春片的导演换成张艺谋，会出现什么情况？

　　生：片子的感情会更加细腻，故事会更吸引人，挑选的演员演技会好些，但是也可能会变成《山楂树之恋》那个时代的感情片。

　　师：从这当中你发现一些青春片的特点是什么？

　　生：感情粗糙，故事不合理，演员表演浮夸，但是却抓住了现在青少年的兴趣点。

　　师：为什么会出现这样的现象？

　　（归因过程：略）

除此之外，学生也可以自己进行要素置换，他们还提出过这样一些问题：

　　如果将导演换成斯皮尔伯格会怎样？——最后推演到电影人的敬业和情怀问题。

　　如果将编剧换成曹雪芹会怎样？——最后推演到中国文化产权问题和社会文化浮躁的问题。

　　如果把演员换成陈道明、巩俐会怎样？——最后推演到艺术的核心因素上。

使用"要素置换法"需注意以下事项：第一，要寻找关键要素。倘若关键要素的寻找出现偏差，那么很可能会让自己的探讨方向偏离主题。第二，要寻找比较典型的、差异较大的对象来进行要素置换，如果置换的对象太过相似，也不利于从比较中获得启示，走向深刻。第三，要在要素置换之后及时跟上归因环节，否则要素置换易流于浅俗。

三、联想思维：横纵坐标法

联想思维在《缘事析理　学习写得深刻》一文中的表述是"由此及彼"，然而如何由此及彼却未被提及。寻找由此及彼的思维路径，可以从纵横两方面进行：第一，将思维进行横向延伸，思考自己身边、国内、国外是否有类似现象，或者是别的行业、别的圈子是不是存在此种现象，从中寻找一定的规律。第二，将思维进行纵向延展，思考这个现象兴起、盛行、衰落的时间，将现象在历史时间轴中定位，寻找规律，并启发思考。

在《缘事析理　学习写得深刻》一课中，承接归因环节所得到的结论是"一些导演为了圈钱，而不顾艺术规律，拍出许多青春狗血片"，这一结论可以继续往深处拓展。

横向拓展示例如下：

师：为了钱而不顾一切的行为，只有影视圈里有吗？

生：不是。

师：还有哪些行业有？

生：医疗卫生行业，贩卖假药，收取红包；食品行业，地沟油、三聚氰胺、假羊肉……

师：只有我们国内有这种现象吗？国外有没有这种类似的现象？

生：也有，国外也存在食品安全问题……

师：从这些现象，我们可以得出什么结论？

生：为了钱而不顾一切这种行为存在于整个人类社会之中。

纵向拓展示例如下：

师：为了钱而不顾一切，这种行为是什么时候出现的？原始社会有没有？

生：在原始社会钱还没有出现，但是会为了食物、地盘等不顾一切。

师：说明金钱的实质其实是什么呢？

生：利益。

师：为利益不顾一切，这种情况在封建社会有没有？

生：有。

师：这种情况在近现代、当代有没有？

生：有。

师：既然如此，我们应该怎么对待这种现象？

生：君子爱财取之有道，不要让欲望吞没了自己；人性有善也有恶，需要法治来加以约束……

在横纵坐标法中，需要注意的是当学生在进行横向或纵向思考时，寻找出许多相关或相反现象时，一定要停下来，探索这些现象所反映的共性或者个性的内在规律或特点是否合宜。

观点要想深刻就需要先明晰"深刻"的定义。学生对"深刻"往往只有模糊的概念，教师需要在教学过程中清晰地告诉他们，所谓深刻是要达到事情或问题的本质。到达深刻的路径有很多，通过一定的思维训练掌握一定的思维方法，我们可以达到深刻的目的。连环归因法、要素置换法、横纵坐标法皆是微末小技，这几个方法背后都有思维规律。熟练地掌握这几种思维方法，对学生在议论文写作中立意深刻是有帮助的。

[**专家点评**] 除非掌握一定的技术手段，否则"深刻"完全可能成为一个大而无当的词。聪明的教师用"连环归因法""要素置换法""横纵坐标法"让立意"深刻"能落地生根，最终走到"价值""文化""人性"的层面。

基于学生问题的教学是最好的教学
——一堂文言文翻译课的启示
四川省金堂中学校　李红梅[*]

一、缘起：与坤同学的一次交流

坤同学是一个好学好问极富上进心的男生，特别喜欢与教师交流，进入高三以来，他来找我谈话的次数逐渐增多。在2021年10月月考后的周五晚自习时，我照常和班里学生说有问题可以到办公室找我，坤同学便来办公室与我聊了一个小时。他感觉自高三以来整个人都提不起精神，所有科目都找不到感觉，学习状态很不好。当时正在复习文言文专题，他说文言文翻译总是得不到高分，也不知道什么时候哪个词是必须翻译的，比如这次月考将"风俗""法度"设置成了得分点，他没有翻译而失了两分。我听了他的感受也很焦急，文言文专题用时长又很枯燥，该如何改进课堂教学呢？坤同学的苦恼是班级很多学生的苦恼。我一直在思考这样一个问题：如何才能用更好的方法突破学生的文言文翻译水平？

二、解决：基于学生问题而开展的教学

我结合高考题和文言文翻译要求做了精心准备，开启了文言文翻译课。我先以县月考语文试题中的文言文失分点为导入点，激发学生的兴趣，我说："今天我们不做题，我们来出题。"话语一出，全班哗然。以前我也会让学生出题，但是大都出的是基础题，譬如默写、文言文重点字词解释等，还从来没有这样郑重其事地要用一节课来出题。我抓住学生的诧异心情，直接抛出核心问题："如果你是一名出题人，会设置什么得分点呢？"我提供给学生三段课外文言文片段，让他们根据高考出题要求，给每一个片段出一个文言文翻译句子的题。学生先自己独立完成，然后小组展开讨论，最后进行课堂分享。

---

[*] 教育信条：有教无类，教学相长。

讨论过程十分热烈。学生五六个脑袋凑在一起，交头接耳，叽叽喳喳，他们手中的笔一会儿在自己的卷子上涂涂改改，一会儿又跑到同桌的卷子上勾勾画画。突然，某个小组里迸发出一阵笑声，我好奇地走过去，原来这个小组在讨论"初荐王安石，及同辅政，知上方向之，阴为子孙计"这一句，有一组员发现好像有个古今异义词"方向"，小组又一起讨论了一番，认为她是对的。这个组员说："这个'方向'很坑，我们就出这个句子，同学们肯定翻译不出这个词。"同组人发出了会心的笑。我悄悄地走在过道上，默默地听着同学们的讨论。有的小组会为自己找到的句子而窃喜；有的小组会因为意见不一而不能选定句子，来找我当裁判；还有的小组通过讨论，说法错误的学生反而把正确的说服了，这时我会适时给以引导。

经历一番激烈的讨论、整合之后，小组开始展示所选句子并陈述其理由。在展示的过程中，我也尽量引导其他小组参与评价。当某小组找到的句子正好和高考题一致时，我就指了出来，其他学生发出了赞叹之声；当某小组在分析时被其他小组找出问题并被说服时，组内个别学生就会发出叹息的声音。学生在出题或者评价时会表现出一些执念或偏爱，有些学生特别喜欢找有特殊句式的句子，有些学生特别喜欢找有文化常识的句子，还有些学生特别喜欢找双音节词。总的来说，学生一旦成为出题人，他们的水平似乎高了很多，所出的题目基本上都符合文言文翻译的出题要求，都能够设置出三个重点字词，还能关注到特殊句式。

通过展示和分享，最终大家一起总结出了这样的设题点：第一，积累性知识，如重点实词、古今异义、通假字等；第二，规律性知识，如语法现象（词类活用、固定结构、特殊句式等）；第三，迷惑性知识，如语境（人名、人物关系）和逻辑等。

最后，我问学生出题难不难，有学生说："不难，很有意思！"也有学生回答："难呀，比做题难，出得不好还挨骂！"还有学生说："太麻烦了，还要考虑得分点合不合适，还得琢磨出参考答案！"听着学生的感受，我觉得我这节课的教学目标基本达成。这虽然是一节出题课，但其实就是在引导学生学会做文言文翻译啊。我这个意图很快就被坤同学意识到了，一下课他就找到我说："老师，你就是想让我们强化文言文翻译的得分点嘛，不过这个换位出题还是可以。"我听了之后很高兴。

三、沉淀：令人受益匪浅的教学体验和反思

一堂好的课不需要别人的评价，教师自己就觉得神清气爽。课堂上学生认

真思考的脸庞、激烈讨论的表情、积极发言的行动就是最好的证明。我看到课堂上学生认真学习的样子，心中就激动不已。我很感谢坤同学，因为他促使我认真思考学生的需要，尝试打破常规教学模式。学生的困惑就是教师需要解决的主要问题，也是教师提高教学水平的压力和动力。我自认为是一个从骨子里热爱教学的老师，但是有时也避免不了惰性，经常使用常规教学方法进行教学，使课堂单调枯燥，这就需要做出改变。这一堂课让我信心大增，我想我会努力坚持下去的。回顾这一节课主要有如下几点收获。

第一，以学生存在的问题为导向，要勇于改变和创新，打破常规教学模式。文言文教学本来就易陷入枯燥的境况，如果不创新教学的话，学生很难保持高度的学习热情，教学质量就很难得到保证。所以我们要多和学生交流，及时了解学生的困惑点，及时修正自己的教学方案，从而设计出适合自己班级学生的课堂。身为教师，必须时刻提醒自己不能懈怠，不能沉湎在常规教学模式中，要勇于改变，勇于创新。

第二，以学生存在的问题为导向，教师应积极备课，这有利于提高备课的准确度。教学最好以学生存在的问题为导向，教师若能教会学生解决问题就是最好的教学。在备课时要先了解学生的问题，然后再围绕这个问题思考解决方案，想清楚再进行教学设计，不能一味地按照教材内容进行教学，否则学生会陷入浅层次学习或无效学习的状态中，花费了大量的时间，效果却不尽如人意。

第三，以学生存在的问题为导向，教师开展教学活动要有利于引导学生进行深度学习。开展基于学生问题的教学活动，能激发学生的学习兴趣，促进学生开展深度学习。就像这节课我创设了"我是出题人"这样的学习情境，以"如果你是一名出题人，会设置什么得分点"为核心问题引导学生进行思考讨论，设置"独立出题、小组合作、课堂展示"这三个学习实践活动。在课堂中充分发挥了学生的主体性，教师应积极引导学生进行深度学习。学生能够通过出题设置得分点强化重要的文言文知识点，从而提高文言文翻译的准确度。学生在学习过程中能够独立思考、积极讨论，并大胆发言，在交流中发现问题、解决问题，这个过程就是学生深度学习的过程。

如今的高考已不再拘泥于考查学生的知识点了，更多的是考查学生对具体问题的解决能力，所以我们也要改变以往的教学模式，学习新的教学理念，积极尝试创设具体的学习情境，让学生在掌握知识的同时还要学会处理问题。经过这次尝试，我会更加努力地改变和提升自己，力争做到常反思多总结，并时时关注学生存在的问题，做出基于学生问题的教学设计。

[**专家点评**] 学生的问题是教学起点，于个别学生的问题中洞见课堂教学目标是他们的教学机智，换位思考让学生做出题人，突破了教学难点，创设教学情境，激发了学生的学习动力和学习兴趣，这是教学智慧使然，这样的智慧更能让学生进行深度学习。

感性·知性·理性
——有关语文课的体验与思考

四川省成都市郫都区第一中学　蒲儒刿[*]

语文应如何展现其人文性、综合性、实践性等学科特点？教师面对如何教好语文学科这一难题，可以尝试从诸多角度进入，我曾经尝试从"思维：诗与思""心灵、智慧与技术""知识：陈述性知识、程序性知识和策略性知识"以及"信息、知识、思想与思维"等若干维度介入语文教学，对其进行观察和思考。最后，我用"诗与思"来概括语文的两大思维主脉，并开展各类语文教学活动，从语文思维教育来看，它具有方法论意义。

一、感性：吃菜，还是吃菜谱？

我一直相信语文教师与厨师有某种相似性。二者最大的相似点就是厨师要拿出可口菜品让食客吃，厨师在开发新菜品后也要先品尝，确认无误后，再给顾客品鉴；而语文教师也需要自己先品读文本、读出味道——对于从教多年的教师，他们对于经典篇目，在每教一轮备课的过程中，第一件事就是再次阅读文本，找到与经典相遇的瞬间体验，像《祝福》《林黛玉进贾府》《峡谷》《平凡的世界》等作品，一定会常读常新，语文教师备课的功夫就是在阅读教学文本时获得瞬时的真切阅读体验，再去做教学设计。

在实际的教学过程中，让学生有所感知与体悟是语文教师教学中的重头戏，特别是在文学鉴赏课上，让学生直觉感知和进入意境品读应该是课堂教学的两个主体环节。

我在课堂教学中带领学生鉴赏《赤壁怀古》时，学生主动要求关掉视频，静静地沉浸在音乐和朗诵所营构的境界中……这一阶段，我恰到好处地引入杨慎的《临江仙》，因为它与《赤壁怀古》有传承和化用的关系，学生很容易找到比较点，尤其是"大江东去，浪淘尽，千古风流人物"和"滚滚长江东逝

---

[*] 教育信条：诚于道，工于思，精于业，笃于行。

水，浪花淘尽英雄"之间相通的气韵和内涵，配上杨洪基的演唱，学生能轻松进入情境。

同样是诗歌教学，我在教授《诗三首》(《涉江采芙蓉》《短歌行》《归园田居（其一）》)时，以到饭店看菜谱点菜引入《涉江采芙蓉》一诗的教学，同时也是一种直觉感知导入。

当然，文学鉴赏中的"品读"才是重点，它相当于细味"菜品"。对《涉江采芙蓉》一诗的鉴赏，课堂实践记录如下：

师：是谁采芙蓉，采芙蓉后做什么？
生1：有人过河采芙蓉送人。
师：是谁采了芙蓉又送了谁？
生2：是一位女子采了芙蓉送给一位在外的男子。
师："还顾望旧乡"的是谁呢？
生3：是女子想象男子在外想家。
师：这就是说抒情主人公在设想别人在想念自己（家里人）了！
生4：抒情主人公应该是男子，他在外面想念家里人了。
师：那么前面采芙蓉的又是谁呢？
生4：是他设想自己的爱人在家乡采了芙蓉想送给自己。
师：这种想法合不合情理？
生5：合情理。
师：抒情主人公或叙述视角至少可以有两个不同的角度，只要依据文本本身，言之成理，就是对的。

以上是教师与学生在做情节和情景还原，通过调动学生的想象力，穿越时空，感受是真切的，体验是具体的。

而对《短歌行》的鉴赏，我先抓"忧""君"等诗眼来整体感知，具体品味（读）与教学实践记录如下：

师：请大家在《短歌行》中找出事件主人公曹操与"君"（人才）一起活动的画面，并用自己的语言进行描述。
生4描述了"青青子衿，悠悠我心""呦呦鹿鸣，食野之苹""鼓瑟吹笙"的场面，说这是曹操与自己的属下在一起的和乐的场面。
师：是已经发生的，还是想象的呢？
其余学生：想象的。
师：所以他"忧"啊！

师让生6描述第二首诗"越陌度阡……何枝可依?"等八句所呈现的场面。她描述了前四句,说这是曹操在找人才。

师问全体学生:"乌鹊"是谁?它在做什么?

这时,大家七嘴八舌说,这是人才也在寻找。

师:找什么?

学生说是在找归处。

师:这说明曹操与他所想要的人才之间要有契合。所以,诗末才有"天下归心"的气魄和信心!"山""海"是隐喻曹操自己的心胸,这首诗能与《观沧海》这首诗打通来想。气魄和信心都是非现实的,现实的情况应该是曹操还处在打天下的早期,未知因素和不确定因素尚多,所以有忧心忡忡这种情况!

感性是指感觉、知觉和表象等直观认识形式。一句话,感性是具体的、具象的、可感的,这正是文学鉴赏课、语文阅读课的首要特征,至少在文学阅读、实用文阅读上,它应该是重头戏,应该成为课堂教学的主体;从时间占比上看,一节课40分钟或45分钟,应该有20分钟以上用在调动学生整体直觉开展文本品读上。

二、知性:常识与支架

教学设计如同"菜谱",在讨论教学设计前,我要引导学生了解"知性"这一概念。知性是指对事实和过程的认识和对常识的接受。显然知性是知识(人类的认识成果)概念的近义词,它提示我们要去区分知识的类别,至少要区分出陈述性知识、程序性知识。陈述性知识是关于事物及其关系的知识或者说是关于"是什么"的知识,包括对事实、规则、事件等信息的表达;程序性知识是关于完成某项任务的行为或操作步骤的知识,或者说是关于"如何做"的知识,它包括一切为了进行信息转换活动而采取的具体操作程序。

"教学设计"属于解决"如何做"的程序性知识的范围。这一知识显然是语文课堂的必要环节和首要环节。现在的问题是部分教师只注意到"程序正确",把教师课前设计好的"教案"和"学案"机械地按照"规定动作"走完程序,我把这种陈旧的程式化教学叫作"吃菜谱"。"吃菜谱"式的教学情况长期存在于当前的语文教学中,其根本弊端在于缺乏生成性而失去创造性活力,成为令人厌弃的教学。其实真正好的程序设计是基于教学目标而形成兼具简明和结构化的教学方案,以适合学生的成长和发展。"教学设计"是课堂教学的程序设计,解决课堂教学师生行为的基本"技术动作",比如在语文应试教学中解决选择题,就有在选项与原文、选项与选项之间比对的"证实"和"证伪"两个基本环节或程序,其他类别的语文教学活动既然称之为"活动",也可以梳理出相应的可重复的程序性动作,这类程序性动作以简明和便于重复操作为要。需要说明的是程序性动作在实际操作时,要贯彻"大体需有,定体则无"的原则,否则容易陷入僵化,以致于无效。

陈述性知识是课堂教学的必要资源和必备支撑。《涉江采芙蓉》《短歌行》《归园田居(其一)》三首诗歌的教学,涉及东汉末期社会历史状况、曹操曾经的霸业与雄心、陶渊明的个性品质等背景知识,历来阅读教学中所谓"知人论世"就是指利用相关知识辅助阅读鉴赏;学科教材和各类阅读文本的注释其实就是在提供这类阅读支撑。作为阅读理解的资源和支撑,阅读者的素养和储备越多越好,其实就是他所具备的陈述性知识越多越好。

三、理性:完美的具体

我理解的语文教学应该是以"感性的具体""抽象的规定""理性的具体"这样的认识顺次开展,以下为教师与学生学习《涉江采芙蓉》这首诗的鉴赏环节:

师:可不可以根据"忧伤以终老"中的"终老"二字来判定是男子为抒情主人公,还是女子为抒情主人公更合理?

生:男子。

师:为什么?

生:远离家乡的情况不外乎求学、打仗和做官,这些都是男子做得多。

师:这些原因中,哪种更可能?

生:第二种,打仗。

师:为什么?

生:东汉末年,社会动荡,战乱多啊!

师:OK!好极了!

为什么此处教师要还原男女都可以是送"芙蓉"的主人公,让学生展开自由联想后,再从"终老"出发追问是哪方送更为合理,其目的是要上升到"合理"或"更为合理",即"理性的具体"。

在语文课堂中,大到对整本书的情节的梳理和单篇文章的逻辑框架整理,小到对一首诗歌的逻辑分析和一个语段的语脉探究,或者对一个简述题目的答案逻辑自洽的分点排列等，无不涉及理性的回归。

总之，在语文课里，感性是重头戏，知性是支撑，理性是较高的境界。结合这三方面观察和思考语文，不仅能多一个视角，而且对于语文学科的本质而言，或许还要多一点趋近与抵达。

[专家点评] 语文的综合性就是其复杂性，故而在教授语文这一学科的过程中适合从多维度进行观察和思考，才可获得最优解；从"感性、知性与理性"的视角出发，可知感性是基底，能保证语文的纯正滋味；知性是中介和支撑，是其必要准备和条件；理性则为语文的内核，是语文的根脉和使命。

语文课堂应聚焦学生的兴趣点
——一次学生演讲带来的启示
四川省成都市郫都区第一中学　任萍华[*]

培养学生的"听说读写"能力，其中常常会忽略对"说"的能力培养。而公众场合的表达能力是学生将来踏上社会的必备技能，从学生的终身发展角度出发，语文课应充分重视培养学生"说"的能力。

高二伊始，为培养学生的"听说读写"能力，我特别设置课前五分钟演讲环节，大部分学生会围绕社会热点选择演讲主题，学生都特别感兴趣，课前也会异常兴奋。

李××在"你能接受已故亲人成为仿真机器人吗"这一主题演讲中讲道："真正的思念是内化于心的，仿真机器人可以作为你思念的载体，却不可能成为你思念的人。爱无可替代，无法复制，因此爱才是独一无二的。我希望将思念转变为对已故亲人的铭记，让他们不被遗忘，让爱永存。"李××的演讲，既涉及了当下的热点，锻炼了自己的表达能力，也是对自己及同学的一次"爱商"教育。

黄××就消防员为救跳楼女子不幸坠楼的事件发表了以"珍爱生命"为主题的演讲。这对于那些有抑郁倾向的同学来说，无疑带来了启示，来自同学的劝告比教师和家长的劝告要有效得多。

轮到卢×演讲，他为这次演讲做了充分的准备，从写演讲稿到对演讲节奏的把握，再到台上的站位、演讲中辅助理解的图表，以及最后结束时的服装道具都提前准备充分。因准备较充分，演讲角度十分新颖，既赢得了全班同学的热烈掌声，也深深地打动了我。征得卢×同学的同意后，特别附上此次演讲稿中的部分内容。

有这样一群人，对我们的生活而言，他们就像流星，划过我们的生

---

[*] 教育信条：力求以语文核心素养为教学基点，以学生的终身发展为导向，学习最前沿的教育教学理论。

活，只一瞬间就把所有光亮聚焦在自己身上了。长夜漫漫，但他们的光芒如黑夜中的一颗明显。我们还在奔跑，他们已经转瞬即逝。这些人有一个令人望而生畏的称呼——天才。

当我们还在考虑报哪所初中时，最好的中学早已争先恐后地联系了他们。当我们还在对着中考分数焦虑不安时，他们早已被好中学提前录取了。在我们眼里，天才好像把生活当成俯拾即是的落叶，走到哪里哪里就充满崇拜和掌声。

然而，普通人也有当天才的梦，有人做到了，也有人没有做到，反而陷入了矛盾情绪中，于是，一个新的群体被分化出来了。

从小学，到初中，再到高中，这群人总是在我们身边。他们似乎总保持着一种"我只用了三成功力"的状态，他们对学习的态度往往是淡漠的和不屑的。这些人的成绩往往乍一看还是不错的，实则极其尴尬。我私下把这类人称作"伪天才"。

这类群体通常借以下手段展现自己的"天赋"。

其一，在结果未定，成绩没有出来之前，他们会夸耀自己，他们的经典说法是："这套题真是简单，我老早就做完了。"

其二，在阶段性的结果将自己置于劣势时，他们见缝插针地为自己辩护。他们的经典句式是："你不会觉得这道题我做不来吧，我只是看漏了而已。"通过误导别人把自己的技术性失误曲解为偶然性错误，同样这是他们维护颜面的绝佳办法。

其三，通过嘲讽、玩弄、批判别人的努力，间接突出自己的"天赋"。他们的经典说法是："某某某是真的卷，除了做题什么也不会。"其实，他们的用意并不在批判，而是试图营造自己的优越感。

总而言之，这些人对于学习的态度无非可以归于"玩世不恭"四字上，至于他们是否是真的玩世不恭，还只是为了营造"人设"，只有他们自己清楚。他们善于无限放大自己每个微不足道的成绩，无限缩小自己的付出，并常常佐以轻描淡写的口吻，于是众人在轻松的氛围中自然接受了他们是"天赋型选手"的伪装。

当然，他们的动机也很纯粹——那就是要满足自己的虚荣心。他们内心深处好胜欲极强，不接受失败，惯于精神胜利且极尽所能地渴望羞辱对手。然而，由于能力与幻想间的鸿沟过大，他们懒于耗时耗力地填补鸿沟，毕竟十年磨一剑太煎熬。于是，他们疯狂地施展唇枪舌剑，反正口舌之费既廉价又凶猛。

实际上，为了虚荣心而营造出自己毫不费力的假象，实在愚蠢至极。社会竞争之残酷我们还无法想象，唯一能肯定的一点是，简历上一锤定音的不会是过程，而是结果。我们可以从这样的逻辑论证这类人的虚伪和懒惰。

我们可以花两分钟的时间真正理性地审问一下自己：这些"伪天才"究竟得到了什么？成绩吗？学历吗？知识吗？不——除了虚荣，他们的箩筐里什么也没有。这些"伪天才"如果十年以后过着普普通通的、与天才相去甚远的生活，他们会不会回过头来后悔当初的自己被虚荣遮蔽了双眼，而没有努力呢？！

卢×对自己、对朋友、对班级中此类懒散现象进行深刻剖析，为扫清学生的思想障碍做了大量的准备工作。他的演讲充满了正义感、督促性和劝导性，这也是当代青年应该具有的积极有为的思想品质。他的号召力大于我在班上空洞的说教，对同龄人有极大的警醒作用。他的演讲震撼了全班，震慑了具有懒散心理的同学，也震慑了我，我也是第一次那么全面而清晰地认识这类学生，也许没有卢×的演讲，我将一直被蒙在鼓里，还为这些"伪天才"摇旗呐喊助威。

还有些学生的演讲内容与当下学生的生活息息相关，如在"双11"时，告诫自己并且劝说其他同学要进行理性消费；如社会上的性别歧视问题；如特别想快快长大，能够独立自主。这些都让我能够充分了解当下高中生关注的重点是什么，并能够在他们演讲后给予最恰切的引导，教师的指导便有了实时性与有效性。

这样的语文课堂是我一直追求的，教师教给学生的知识与道理他们非常容易忘记，但是由学生参与的课堂活动对于学生本人和其他同学历久弥新，有些甚至会影响学生的终身发展。

应试教育的目的过于狭窄、过于细化，总是想要追求"急用先学，立竿见影"的效果。灌输式教育既忽略了思维训练和动手能力培养，又忽视了学生的个性化需求与成长，高考中高分获得者未必具有创新人才所具备的能力。语文学科注重立德树人的育人理念，也应在课堂上注重培养学生的责任担当、创新人格、想象力、好奇心、批判性思维、深度学习等方面的能力，要特别注意培养学生独立思考的能力。要培养学生的这些能力，须摒弃纯应试教育的方式，寻求新的发展途径，而我认为演讲就是培养学生这些能力的绝佳途径。

课前演讲等一系列活动着眼于学生解决现实世界的问题。演讲具有将生活中真实问题情境化的特质，是学生学习兴趣的起点；问题的驱动性是学生深度学习的基石；情境化的驱动性问题能助推学生形成高阶思维。

经过高二的训练，学生在公众场合的表达能力得到了极大的提升，我相信这对学生将来踏上社会具有重大意义。每周一在升旗仪式上听到他们充满自信的演讲，听到来自教师与学生的热烈掌声，我的内心都欣喜不已。语文课中的演讲真切地走进了学生生活，因其有趣、实用、有效，值得我以后继续坚持。

[**专家点评**]活动，是新课程改革背景下语文课堂的要件，口头表达能力聚焦了学生的能力培养和最终育人目标的实现，兴趣是达成目标的路径和手段。切勿要小看这一做法，它力求回归学生主体，是激发学习动力的大举措！

呈现思维过程

四川省成都市郫都区第一中学　吴晓菲[*]

"你们班上课好热闹。"上完课刚走进教室，办公室的同事就笑眯眯地对我说。我略显矜持地回答道："不知道他们在兴奋什么。"但这不是同事们第一次说到我们班的语文课课堂热闹。按说课堂热闹是对课堂的正面评价，可是已然不是青年教师的我听这话的次数多了，内心却隐隐不安起来，也开始思考一堂课有效性的评价标准是什么，难道"热闹"就等于师生互动充分、课堂效率高？

"向课堂45分钟要效率"，这是教育界非常响亮的口号，然而什么样的课堂教学是高效的？对这个问题的回答众说纷纭，至今没有统一标准。但我们可以从课堂教学的病症上反观，以寻求高效课堂的要素。

常见的课堂教学的病症主要有以下三类：课堂教学效率低下、课堂互动匮乏和学生参与度偏低。从这些因素看，课堂貌似热闹，教师与学生之间的互动也是有的，参与度也不错，按说就是有效率的，但是一定如此吗？怎么来检测或者说评价一堂课的课堂效率？我们不妨从课堂的属性来说，课堂是一个传授知识和培养学科思维和素养的舞台，但是在一堂课里能够教授的知识是有限的，而且这些有限的知识也不能保障学生当堂就能理解、消化和应用，所以，用知识来评价课堂效率不是最稳妥的。那么评价思维的培养呢？从一定程度上讲，如何符合当下的教育环境，如何把教育评价的重心从终结性评价转变为过程性评价，是需要各方共同探索的。

那怎么从课堂教学过程的表现看学生思维的培养并检测课堂的成效呢？我可以借助呈现思维工具，让大家清晰看见师生、生生思维的脉络，更好地呈现师生、生生之间的思维碰撞。我们以一堂课的各个环节一起看看具体操作过程。

第一，前置阅读阶段。

阅读是语文课堂的半壁江山，对于高中生来说，阅读的篇幅和内容对高中

---

[*] 教育信条：教育润物细无声。

生的理解能力都有了更高的要求。当下流行的群文阅读，选文大多为3~5个文本，阅读难度不低，如果学生没有进行任何课前预读，企图在一堂课完成几篇文章的阅读，其教学难度可想而知。一般来说，教师会让学生开展预读，但课下的预读效果要怎么来衡量呢？教师的课堂提问太常规就不能兼顾到每一个学生，这个时候教师可以用思维导图或括号图让学生的思维过程用图的形式展现出来，让师生都可以看到预读时他们的思考过程和成果。

第二，导入阅读阶段。

在课堂一开始，其实高中生的学习热情并不高，但这个时候他们思维却非常敏捷。针对这个特点，教师可以用将直观的思维可视化的工具导入阅读，激发大家的阅读兴趣。在这个阶段，可以让学生基于学习议题，调动已有的知识经验绘制思维导图。在上课之初，我让学生以"新闻"为核心词发散，完成圆圈图，小组同学在完成头脑风暴的过程中，形成了良好的课堂氛围，在相互感染的作用下，学生的热情被调动，运用自身的联想力和想象力，形成了新的观点和看法，从而锻炼了其发散性思维。

第三，深入阅读阶段。

随着阅读的深入，学生对阅读文本的理解和思考也越发内隐，教师无法仅从学生的神态和表情了解他们的思考结果及思考程度，这个时候就需要用思维导图等来辅助解决这一问题。这里主要就深入阅读阶段小组合作学习中的交流思考进行说明。

一、小组绘图

新课程改革后，小组合作学习是常见的学习方式。在主动探究学习的基础上，教师可根据实际情况将学生分为不同小组，每组有4~6人开展小组合作学习。小组成员将自己绘制的各种思维图示相互展示，叙述自己的思考过程，交换各自的问题并相互讲解。在听取了其他组员的看法后，可以立刻调整和完善自己的思绪。如果大家对问题无法达成一致意见或无法解决问题时，可以再次回到阅读文本中继续寻找答案。最终，组长再根据同学交流和沟通的成果，对各自小组的重要看法进行归纳，当然小组组员也可以试一试共同构造出可以表现小组思路的思维图示。

二、小组展示与互评

每个小组分别派出一位组员，对自己组的讨论成果进行概括性发言，并展示最后完工的思维图示。展示之后，再进行组与组之间的交流探讨，在这个进程中，教师与学生、学生与学生始终是保持着互动交流的。

第一，巩固阅读阶段。

在阅读的尾声，经过一节课的学生与学生之间的交流和教师与学生之间的交流，大家都对于议题有了深入的理解，形成了关于议题的相关判断，在此环节中利用思维导图等工具可以及时修正思维过程中有误的地方，形成自己的整合性判断。

第二，评价阅读阶段。

总结评价是每节课的常见环节，也是常常被忽略的环节。以前我常常让学生简单地说说本节课的收获，流于形式而效果甚微。这个时候若能利用思维导图，那么效果能提升不少。

通过将思维可视化，学生可以评价本节课阅读文本的内容，他们能形象具体地对文本内容做出分析评价，较好地对学习内容做出全面和准确的判断，并能上下延展，拓宽阅读教学的广度和深度。

通过这样的方式，教师能清晰地看到学生的思维动态，并实时跟进，掌握学生的思维过程，对其思维出现的问题及时引导并尽快解决，从而真正促进学生的思维发展。但是教师也应该警惕，不能滥用思维导图等将思维可视化的工具，并不是课堂所有环节都适合用思维可视化工具，要避免过多使用而增加学生的学习负担。

[**专家点评**] 思维导图是将学生思维可视化的工具，利用这个工具，我们可以看到"前置阅读""导入阅读""深入阅读""巩固阅读"和"评价阅读"的教学过程，这样的语文阅读课堂能激发学生的学习热情。因此，思维导图既是技术性的，又是人文性的，是一种能契合语文学科本质的工具。

师生同行　教学相长

电子科技大学实验中学　向宝泉[*]

"亲爱的向老师，诚恳地邀请您在一开始的时候朗诵一首《满江红·怒发冲冠》，12·9红歌会我班的节目是合唱《精忠报国》，急需您的助力，谢谢您了……"

早上我一到办公室，刚坐下，就看见办公桌上放着这样一张醒目的字条。

在体育文化节入场式表演、12·9红歌会、校园歌手大赛、升旗仪式班级秀这些我校的传统活动中，为了让自己班的节目更出彩，各班同学都使出了浑身解数，不乏邀请教师进行同台演出的，相关的演出我也参与了好几次。

难怪最近总感觉校园里歌声阵阵呢，原来还有两个星期就是一年一度的12·9红歌会了，学生都在抓紧练习呢。不过，面对这一次学生的邀请，我却犯难了。让我去挥舞个旗帜什么的，我自然是乐意的，甚至让我上台去唱那么几句，也未尝不可，毕竟我还算是一位比较活泼的教师，也曾因一首粤语歌在校园"一唱成名"，还连续几年被评为"最青春阳光教师"。但是，现在我着实犯了难。

按理说作为一名高中语文教师，在师范院校念书时，钢笔字、毛笔字、粉笔字、普通话是必修课，朗诵应该是基本功。可是，就这朗诵还真把我难住了。还记得小学时，我的老师一边种地，一边教我们知识。我的老师曾当过兵，算是见多识广，也风趣幽默，我们都非常喜欢他。但是，他的普通话着实算不得标准。我的老师是土生土长的本地人，也没有接受过规范的专业教育，于是他在教我们识字时不自觉地带上了浓重的地方方言口音，比如"h""f"不分、前鼻韵和后鼻韵不分等。

后来，在师范院校念书时，我说话时也有浓重的方言口音，不免被同学嘲笑，经常有同学拿着"菜籽花花非非黄"让我念。后来虽然经过刻苦训练得到了一些纠正，说话带口音的情况大有好转，但要说是流利地朗诵，总是缺乏信

---

[*] 教育信条：成人，成才。

心，现在需要吐字清晰且声情并茂地在全校师生面前朗读，我一筹莫展。

直到有一天，科代表来抱作业本时对我说："向老师，您可别忘了要在我们班合唱前进行朗诵，大家都期待着的哦。"躲，看来是躲不过去了；拖延，看来也是没有办法再拖延下去了。我必须要做点什么来维护我这个语文老师的"光辉形象"，不能让自己的学生失望。于是，我反复吟诵《满江红·怒发冲冠》这首词，真正体悟岳飞"精忠报国"的英雄之志。同时，我找来了数十个朗诵名家的朗诵录音和视频，殷之光、陈亮、康庄、刘纪宏、刘劲、方明、王刚、濮存昕、刘鹏程、任志宏……反复聆听，细细嚼味，如此数十次，掌握基调，真正入诗。

我又找来钢琴伴奏配乐的同学，共同敲定配乐曲目，找准配乐和词句的结合点，把握词句情感的起伏不平，多次练习，做到了然于心。

12·9红歌会如期举行，我自信地登上舞台，在聚光灯下，从容得体地朗诵。虽然这是我第一次在数百名师生面前朗诵，却没有一丝紧张，朗诵结束后，台下响起热烈掌声，我回过头，看着班级学生自信的眼神，听着他们声情并茂地演唱《精忠报国》时，我知道我没有让学生失望。

红歌会结束后，学生屏息以待，听着主持人公布各班得分及奖次。"高一4班，一等奖！"学生欢呼起来，激动地与我一一击掌祝贺，分享胜利的喜悦。要知道，作为一个普通班，在这次的全校活动中，能过五关斩六将，获得"一等奖"是多么地来之不易！多么珍贵啊！

在第二天的语文课上，学生都面带微笑，听课也格外认真。我抓住了这难得的时机，分享了这次节目的准备过程，我动情地对他们说："我知道，为了这次红歌会，大家精心准备，付出了很多，但是我更想告诉大家的是，你们也让老师我改变了很多，学到了很多。咱们4班每一名同学都是独一无二的，只要我们团结起来，坚信自己，通过不懈努力和顽强拼搏，每个人都可以闪闪发光！"

12·9红歌会结束了，但是饱含着价值和意义的教育故事却没有结束。因为学生的一个请求，为完成学生的期待，我打破了"扬长避短"的藩篱，不再逃避自身不足，而是直面自己的短板，通过努力弥补了自身朗诵基本功的不足。是我的学生，让我重新战胜了自我，让我知道要"扬长"更需"补短"，让我在做一名成熟优秀的语文教师之路上自信坚定地前行！

回想二十多年来的教育教学生涯，有太多学生跟我一起学习、生活并共同成长进步的事例了。我班班长建议全班设计一次精彩的主题班会，学习委员设计的作业检查评比方式，班委会和我一起打造的运动会入场式表演，师生共同排练了演唱会，课堂上一次次深入争论的思维碰撞火花……今天的教师能俯下身子，倾听学子的声音，营造民主氛围，方可书写教育中的美好乐章。在教育学生的过程中，我有时也会受学生的启发，进一步丰富自己的学识。从社会学和教育学的角度来看，教育的基本职能就是要构建一种新型的师生关系，以利于学生在和谐、愉快的氛围中健康成长，同时促进教师自身的成长。这就是"教学相长"，在授予他人知识的同时自身也会得以提高。

"教学相长"，过去、现在、将来，亲爱的学生，我都会一如既往地和你们同行，共同进步，共同成长！

[专家点评]"同行"，在这里诠释了教师的自我挑战、自我学习、强化自身能力训练，并最终获得学生的尊重和热爱。因此，"同行"更精准的含义应该是在面对困境时，有战胜自我的勇气和毅力，这是一个自我价值主动实现的过程。

思维课堂阅读教学探究

四川省成都市郫都区第一中学　肖赤峰[*]

《拿来主义》《故都的秋》《祝福》《绿》和《荷塘月色》等经典篇目，对人性、情感的关注，对美好事物的向往，对社会人生的反思，体现了丰富的人文性和思辨性。[①] 在阅读教学时，引导学生静心"悟读"，通过想象与思辨，他们既能"品文"，又能"品人"。

"品文"，就是品鉴文章的特殊技巧和语言艺术。"品人"，即品评人物性格、思想品质等，教师应该让学生在"悟读"的过程中形成正确的价值观念、必备品格和关键能力。

刘勰在《文心雕龙·神思》中强调，一切思维都是以语言为工具的。艺术的想象和联想一刻也离不开形象化的语言。在文本阅读中，教师应从培养学生的语言敏感性入手，引导学生进入思维过程，进而获得阅读体验、深味作品的丰富内涵。下面我将结合一些篇目、语段的教学加以分析。

一、品味关键词句

在学习《祝福》这篇文章时，我在教学中注重引导学生对祥林嫂三次到鲁镇时的肖像描写进行对比，感受和理解祥林嫂勤劳善良、安分守己，婚姻家庭的不幸，造成其身心遭受摧残，最终在孤独绝望和饥寒交迫中死去的悲剧。此外，我特别引导学生对祥林嫂的眼睛、部分环境描写和次要人物的语言描写展开探讨，培养学生的想象力和思辨力。

问题一　同学们，鲁迅先生曾经说过：要极省俭地画出一个人的特点，最好是画他的眼睛。本文对祥林嫂"眼睛"的描写高达13次，请同学们找出来并分析每一处祥林嫂的内心活动。

---

[*] 教育信条：关注生命，启智导行，幸福卓越。
[①] 参见人民教育出版社　课程教材研究所，中学语文课程教材研究开发中心，北京大学中文系语文教育研究所．普通高中课程标准实验教科书　语文3　必修[M]．北京：人民教育出版社，2007：21．

生1：祥林嫂初到鲁镇时，"只是顺着眼"，体现了她是一个本分老实的人。

生2：祥林嫂再到鲁镇时，顺着眼、眼角上带些泪痕，这说明她本人性格没有改变，只因她遭受了丈夫因病去世、孩子阿毛不慎被狼吃了和自己被大伯赶出家门的重大家庭变故而内心非常痛苦。

生3：讲阿毛的事故时，她直着眼，说明她遭受了很大打击，内心十分痛苦悔恨，精神恍惚，甚至有些麻木了。

生4：祥林嫂捐门槛后，眼睛分外有神，说明她内心又重新燃起了希望，对未来充满期待，希望得到大家的认可与谅解。

……

学生在我的引导下，认真思考、积极发言，有认可也有质疑，整个氛围热烈而轻松，话题由浅入深，学生的思维能力得到了很大提升，这也是一次思想情感的洗礼。

问题二　在祥林嫂的悲惨遭遇中，有对鲁镇的老女人们"特意寻来"听祥林嫂哭诉失子经历的描写直到她说到呜咽，她们也就一齐流下那停在眼角上的眼泪，叹息一番，满足地去了，一面还纷纷的评论着。请同学们抓住文中的关键字词，分析这些老女人们的人物形象。

学生在讨论中，紧扣"停在""一齐""满足""一面还纷纷的评论着"等词句进行分析，认为这些老女人所品味咀嚼的正是祥林嫂内心最痛苦的伤口。通过这些刺目的字眼，学生深切地懂得一个道理：欣赏同类的不幸以庆幸自己的有幸，玩味同类的伤痛来填补灵魂的惨白，民众的这种麻木空虚、冷酷残忍才是那个时代我们民族最大的悲哀。[①]

二、比较句中字词

《祝福》这样描写道：

"刚才，四老爷和谁生气呢？"我问。

"还不是和祥林嫂？"那短工简捷的说。

"祥林嫂？怎么了？"我又赶紧的问。

[①] 参见人民教育出版社　课程教材研究所，中学语文课程教材研究开发中心，北京大学中文系语文教育研究所．普通高中课程标准实验教科书　语文3　必修[M]．北京：人民教育出版社，2007：21．

"老了。"

"死了?"我的心突然紧缩,几乎跳起来,脸上大约也变了色,但他始终没有抬头,所以全不觉。我也就镇定了自己,接着问:"什么时候死的?"

"什么时候?——昨天夜里,或者就是今天罢。——我说不清。"①

这一段内容容易被学生忽略,但是稍加分析比较,我们就会发现鲁迅先生用词巧妙精当,饱含爱憎,让人警醒,很值得引导学生比较品读、理解感悟。

问题三 这段文字体现了普通民众对祥林嫂悄然死去的不同态度,也展现了人们不同的思想情感和人性特点,请同学们谈谈自己的理解。

生1:这段文字交代了祥林嫂的死去。

师:祥林嫂什么时候死的,文中写到了哪些人,他们的态度是怎样的呢?

生2:文中写到了四爷、短工和我。对祥林嫂突然死去,他们的态度是不一样的。四爷对其死充满憎恨,认为她死的时间不好,不应在祝福的时候死,这不吉利。短工不清楚祥林嫂死去的时间。文中的"我"感到祥林嫂死得很突然,流露出一些对祥林嫂死亡的关注与同情。

师:同学们,我们把文中"简捷"换成"简洁"好不好?在表达效果方面又有何不同?

生:"那短工简捷的说"中的"简捷",即简单快捷,表现出短工对祥林嫂的死,并没有关注,不想多说,态度冷漠,性格麻木,也侧面展现了祥林嫂的地位卑微、命运凄惨。如果改为"简洁"一词,只能表明短工的话语简单明了,缺乏特别的感情色彩了。

三、赏析修辞语句

在朱自清先生的《荷塘月色》中有这样的描写:

曲曲折折的荷塘上面,弥望的是田田的叶子。叶子出水很高,像亭亭的舞女的裙。层层的叶子中间,零星地点缀着些白花,有袅娜地开着的,有羞涩地打着朵儿的;正如一粒粒的明珠,又如碧天里的星星,又如刚出

---

① 参见人民教育出版社 课程教材研究所.中学语文课程教材研究开发中心,北京大学中文系语文教育研究所. 普通高中课程标准实验教科书 语文3 必修 [M]. 北京:人民教育出版社,2007:16.

浴的美人。①

问题四　这段文字描写了哪些景物？运用了什么修辞手法？请展开想象，品味妙处。

学生讨论，代表发言：文段描写了荷叶、荷花。荷叶像"舞女的裙"，荷花像"明珠""星星""美人"，这些都是作者通过丰富的想象形成的比喻。因为荷叶是圆的，作者便从它的圆想到了裙；又因为荷叶似裙，在微风中轻轻摆动，便又联想到了翩翩起舞的舞女，于是作者"弥望"的便是一群穿着裙装的美丽少女在翩翩起舞了，这里写出了荷叶的动态美。在描写荷花时，作者赋予了它生命力和感情。作者连续用了"一粒粒的明珠""碧天里的星星""刚出浴的美人"做比喻，写出了荷花明珠似的温润透亮，星星似的晶莹闪烁，美人似的窈窕妩媚，既写出了荷花之美，也写出了荷花在月夜中的特点。同时，文章还用了"亭亭""袅娜""羞涩""刚出浴"等词加以修饰，描写出自然舒展的荷叶和含苞待放的荷花，两种荷花各具情态，表现了荷塘之美和作者的喜悦之情。

师：很好，谢谢同学们的分享。同学们分析得很全面，描绘得很细腻，能够联系生活，发挥联想和想象，抓住修辞的本体和喻体，品味景物的特点；由浅入深，由景及人，深入体会作者的思想情感。

四、课内延伸探究

在学习《苏武传》一文时，教师可以引导学生运用唯物主义历史观展开辩证分析、创新思维和深入探究。

问题五　苏武出使匈奴，历尽艰辛、忍辱负重、不辱使命，被扣匈奴十九年，待到归来已是须发尽白，家破人亡。他的忠诚能不能说是愚忠？

学生1：苏武不算愚忠。身为汉使，虽然是皇帝派遣的，但是他代表的是国家和人民的利益，为了不引起汉朝与匈奴之间的纷争，他愿意牺牲性命平息祸端。最终，保持气节十九年，始终未变，可敬可佩。

学生2：我认为苏武是愚忠。汉朝是君主专政时代，他身为汉使，代表的是君主的意志，他在匈奴吃苦受罪十九年，牺牲了人生最美好的青春年华。特别是他的家人只因细小过错，就无辜受连累而被诛杀，家破人

---

① 参见人民教育出版社　课程教材研究所，中学语文课程教材研究开发中心，北京大学中文系语文教育研究所. 普通高中课程标准实验教科书　语文3　必修［M］. 北京：人民教育出版社，2007：13.

亡，一个有功之臣的家人却要惨遭迫害，更何况是普通百姓呢，足见君主专制的残暴性，这样的忠诚是有很大局限性的，我不是很认可。

……

问题六　苏武在匈奴遭遇变故，曾经"引佩刀自刺"，后来被困地窖、放逐北海牧羊却千方百计想活下去，这种做法是否矛盾，是否影响其爱国志士形象呢？

学生结合文本，讨论并形成以下结论：不矛盾，不会影响苏武的英雄形象。"引佩刀自刺"是为了表现苏武有极强的预见能力，不肯受辱及维护国家尊严的坚定决心。匈奴统治者将他囚禁地窖、放逐北海，是想摧毁他的意志，威逼他屈服。这时候，苏武想尽办法坚强地活下去，是与匈奴做坚决斗争，挫败匈奴的阴谋，维护国家的尊严。文本描述他"杖汉节牧羊，卧起操持"，足见支撑他活下去的依然是他汉朝使者的身份。

文学是以语言文字为媒介的语言艺术，它以语言作为自己的载体，借助语言文字塑造其艺术形象和描写生活。教师在引导学生品味语言和人物形象时调动学生的联想、想象和思辨力，引导学生深入文本去感知、想象和思考，在审美感受中强化对自然、社会的责任意识，形成正确的世界观、人生观和价值观；领悟作者对生命、人性和社会的深沉思考。通过阅读，教师践行了用心灵净化心灵、用思想拓展思想的教学方法。

[专家点评]　这位教师围绕"品文"和"品人"两方面内容，由语言之表进入思维之里，在字词、语句、篇目几个层面，展开想象与思辨，既训练了学生的形象思维能力，又培养了学生的理性思维能力，最终使学生获得审美感受，既体察人情、人性，又培养了学生正确的世界观、人生观和价值观，实现了育人目标。

德融语文　启智润心

四川省成都市郫都区第三中学　杨　敏[*]

自从担任班主任的工作以来,我执着地认为班主任的德育工作不能采用枯燥的说教方式。面对一个个鲜活有力的生命,我更赞成潜移默化的浸润。德育是"五育"之首,是实施其他"四育"的方向保证。它作为贯穿班级管理的主线,通过课堂拓展德育途径,创设育人环境,为学生一生的成长奠定坚实的思想基础。

我深刻地意识到德育工作是开放的、动态的,特别是学生自主构建的内容,更能激发他们的兴趣,更能提升他们的接受度和参与度。教师在课堂中进行价值观的引领,学生能自主开展活动,才能更好地达成启智润心之效。

我在任教的高中语文学科中,力图让德育渗透到语文课堂教学里,让德育浸润在校园生活的各个角落,延伸到教书育人的各个环节。下面是我和学生一起在语文活动当中经历的德育小故事。

一、交往中的智慧

刚进高中的学生在面对学习环境及师生等人际关系的变化时,都需要时间去适应,加之高中所学知识的难度加大,需要寻找更合适、更高效的学习方法,这些都急需学生找到解决问题的途径,而与同学沟通交流,通过协作互助来提升自己、调整自己是最有效的途径。但是因个性特征、家庭原因、学业障碍等多种因素的影响,高一学生之间的人际交往易出现偏执逆反、高傲自大、自卑松懈等问题,班上学生之间争执、吵架甚至拳脚相向的事件偶有发生,还有班风不振、学风低迷等问题……

恰逢教授有关《论语》的内容,我引导学生共同探讨涵泳,感受体悟。《论语》是儒家经典的代表作,言简意丰,仅在课堂上涵泳品味是远远不够的,在培养学生的语文素养时,也不能忽略它也是修身、齐家、治国平天下的典范

---

[*] 教育信条:课堂是学生的舞台。

文本这一特征。课堂上我和学生一起品读"君子求诸己,小人求诸人"[①],让学生认识到了责人要先责己和严以律己、宽以待人的道理;"益者三友,损者三友。友直、友谅、友多闻,益矣。友便辟,友善柔,友便佞,损矣"[②],让学生学会了朋友之间是有好坏之分的,要选择正直、诚实、知识广博的"益友",远离虚伪、势利的"损友";"己所不欲,勿施于人"[③],让学生学会了尊重对方,学会换位思考,学会包容悦纳……

课后再利用手抄报,让他们温故知新。看到他们精心选录的摘抄内容、书写的心得体会、用心写就的妙语警句,我心生惊喜和欣慰。他们在活动中学会了合作,擅长画画的学生耐心细致地教不会画画的同学,擅长书法的学生笔走龙蛇,各尽所能,互帮互助,一张张精美的手抄报在大家通力合作中诞生,最后在校园展示中收获了全校师生的好评及赞誉……在不知不觉间,我发现班上同学之间的语言变得温和了,关系变得融洽了,班级变得更有凝聚力了,学风变得浓厚了……

二、美文中的亲情

坚持一段时间下来,在与数位家长交流的过程中,我发现他们都提到一个共同的问题:亲子交流不畅。学生回家后与家长不是缺乏交流、无话可说,就是交流受阻或剑拔弩张。我一方面建议家长改变相处方式与谈话内容,避免只谈学习不谈生活,只谈缺点不谈长处等现象;另一方面我也寻找契机,对学生进行思想引领与行为纠偏。适值教授文言文《陈情表》,我自觉时机来了。此文是两晋时期蜀地著名的文学家李密写给晋武帝的奏章,李密在文中从自己幼年的不幸遭遇写起,说明自己与祖母相依为命的特殊感情,叙述祖母抚育自己的大恩以及自己应报养祖母的大义。南宋文学家赵与时在其著作《宾退录》中曾引用安子顺的言论:读诸葛孔明《出师表》而不堕泪者,其人必不忠;读李令伯《陈情表》而不堕泪者,其人必不孝;读韩退之《祭十二郎文》而不堕泪者,其人必不友。一篇至情至性的美文应该发挥其教化学生"既孝且敬"的德育功能,我带领学生分析了《陈情表》中李密对祖母的殷殷孝心,同时引导他们一起反躬自省自己的言行是否对父母尊长"既孝且敬",以及该如何践行做一个"既孝且敬"的人。学完课文之后我下发了史铁生的《我与地坛》,这样

---

① 张燕婴,译注. 论语[M]. 北京:中华书局,2013:240.
② 张燕婴,译注. 论语[M]. 北京:中华书局,2013:254.
③ 张燕婴,译注. 论语[M]. 北京:中华书局,2013:241.

一节阅读课使全班学生都沉浸在史铁生朴实而饱含深情的文字中……"我不知道她已经找了多久还要找多久,我不知道为什么我决意不喊她——但这绝不是小时候的捉迷藏,这也许是出于长大了的男孩子的倔强或羞涩?但这倔只留给我痛悔,丝毫也没有骄傲。我真想告诫所有长大了的男孩子,千万不要跟母亲来这套倔强,羞涩就更不必,我已经懂了可我已经来不及了。"① 一个男生把这段话勾画起来并抄录进他的读书笔记本里,他眼里噙满泪水,鼻梁一张一翕,喉结不时地上下。几位女生不停地抽出纸巾擦拭涕泪……在那一整节课上,教室里异常地安静,以至于下课后都没有人出教室,好多同学的眼睛都是红红的……那一节课我想他们是真正读懂了文意,也读懂了天下父母心。自那堂课以后,我接到家长抱怨亲子之间交流不畅问题的电话少了,接到家长欢喜地说孩子最近转变较大的电话多了……一篇美文能沁润心灵,语文的魅力无处不在……

三、飞扬的青春

语文教学不应局限于书本知识的教授,还应该开展很多益健身心的实践活动课。比如,高一寒假学生动脑、动手写春联,让学生加深了对有关对联的传统文化的了解和认识,更让他们认识到了书法之美,认识到了书写的重要性,这个活动可谓一举多得。又如演讲能力的培养与锻炼,一名叫杨×的同学,学习成绩不甚理想,较为自卑,学习态度也较为懈怠,但是该同学的普通话十分标准,音色极佳,富有感染力。那年教师节庆祝活动要在学生中征选主持人,我推荐杨×同学去应征,他一路过关斩将最后成功当选,接下来他精心地编写主持词和节目串词,并主动找我斟酌细节。教师节那天,我坐在台下,看到他声情并茂、落落大方地主持,看到他脸上洋溢的微笑,看到他眉宇间绽放的自信……我心里也泛起了一种作为他语文老师的荣耀感和成就感。语文活动让他改变了性格,变得更加积极、自信、乐观……高二下学期,他打算到校外参加艺术培训,走艺考之路。临走前,他想表达对教师和同学的感激与祝福,恳请语文课能给予他一点时间演讲,我欣然答应。十分钟的演讲,他讲了自己高一到高二思想上的困境,讲了自己心理上的蜕变,讲了自己对未来的期许,讲了因那次主持的经历他获得了自信……他的演讲真诚而富有感染力,打动了班上的同学,尤其是和他一样迷茫的同学,通过他的演讲开始审视自己的学习态度,重新修正自己的学习行为,重新燃起了对学习的热情……后来在毕业典礼

---

① 史铁生. 我与地坛 [M]. 北京:人民文学出版社,2018:5.

上，好几位同学都一一分享了他们的感受与心路历程。作为一位语文老师，我有时候不禁会暗自感叹，青春多么美妙与神奇，充满了无限可能；有时候也会窃喜，教育是一门艺术，有时候教师的一句话、一个动作、一个眼神、一节课就可能会改变一个学生对世界、对人生的看法，引导他们开启一个向上的、向善的、全新的、更有力量的世界，遇见更好的自己……我甘愿做一个点燃火把的引路人。

语文课堂不能有太多的功利之心，教师要以身示范，摒弃"以成绩论英雄"的观念，让孩子先成人再成才。教师应开展多元的语文活动，在演讲词里，有他们独到且深刻的看法；在辩论赛上，有他们唇枪舌剑的风采；在戏剧表演中，有他们的专注；在手抄报中，有他们耐心细致的取舍……这些不仅丰富了他们的见闻，还培养了他们交流的自信、表达的从容、辩证的思考、求知的耐心……积极发现并点燃他们心中求知与做人的"火把"，以实现启智润心的效果，这是我这个简单而纯粹的语文教师的职业追求，我也希望自己能在这片充满生机的乡村土地上播撒种子。

[**专家点评**] 这是一则学科育人的叙事，办手抄报、写春联、登台演讲等活动都可成为学生自我成长的机缘，鉴赏文学作品、阅读文言文，也是产生情感共鸣的重要时机……教育过度功利化的背景下去功利化十分有必要，不可只以分数论英雄！

教学叙事三则

四川省成都市郫都区第一中学 袁记双[*]

一、一件小事

"袁老师,咱们班订《人民日报》吗?"语文科代表风风火火地冲上讲台来问我。原来,班上有学生看到其他班级订阅了《人民日报》《参考消息》之类的报纸,也想订一份,这样可以扩宽阅读视野。我想了想说:"订份报纸当然好啊,胸怀祖国,放眼世界。那咱们班就订一份《青年报》吧!它的内容重在服务青年,针对性更强一些。"

大约一周后,我在班上看到一位学生正在津津有味地捧着一张报纸在看,我走近一看,咦,怎么不是印象中的《中国青年报》呢?莫非是"改头换面"了?以往只有在节庆日才会出一期彩色版的呢!我凑近再仔细一看,这份报纸是《青年报》,是共青团上海市委员会主管主办的一份报纸,不是中国青年报社出版的《中国青年报》!

怎么回事呢?怎么会这样呢?是不是邮局工作人员搞错了?我们没有订阅上海的《青年报》啊!当时订阅报纸的时候,我是请同事帮忙转告邮局的工作人员,要订阅一份《青年报》的。在我的世界里,《青年报》自然是指《中国青年报》,哪知道,咱们大中国不仅有《中国青年报》,还有《青年报》。这么看来,邮局那里是没有搞错的,是我当时没有准确表述,想当然地把《青年报》默认为《中国青年报》了。

第二天的教学要进行议论文写作备考,我觉得这件事是一个很好的教学素材。为此,我将这起乌龙事件的来龙去脉讲给学生听,让他们说一说这件事对于议论文写作有何启发。大家略加思考后,一位学生站起来说:"这件事,是因为袁老师没有表达清楚,说得不够具体。语言表达要清楚、明确,这样别人才有可能明白你的准确意思。"接着,另一位学生则认为要把论证的话题、对

---

[*] 教育信条:努力做学生的良师益友。

象说清楚,讲明白,不能存在歧义或者缺少必要的限制语。大家对他们的发言表示认可。由此,我顺势板书"议论文写作中对关键概念的界定",并结合刚刚下发的考场作文,开始了一节关于"边界"的作文教学课。

在教育教学的过程中,教师以为很清楚的问题或知识,学生未必是清楚的;教师以为很简单的问题,在学生那里未必是简单的。有时候,我们可能会抱怨,那么简单的知识点怎么就是掌握不好,讲来讲去怎么还是有些学生不明白呢?我想,除了存在个别学生不用心的情况之外,也可能是教师的语言表述和教学方式等存在一定的问题,影响了学生的理解。有的教学内容,不仅要从教师"教"的角度考虑,还要多从学生"学"的角度去考虑。

二、不服来辩

大课间我班班长来办公室找我,说其他班想邀请我们班举办一次辩论赛,论题是"仰望星空重要"还是"脚踏实地重要"?我不假思索地说:"好啊,好得很!想什么,来什么。咱们班既要脚踏实地,又要仰望星空!接受邀请!"

经过学生的报名和推选,张××、程××、金×和孙××将代表班级"出征"辩论赛。经双方抽签,我班抽到的是正方辩题"脚踏实地比仰望星空更重要"。四位同学分别做好了辩手分工,大家计划周末回家,分头准备这次辩论赛。

周日返校时几位学生面露难色来办公室找我,说感觉他们正方的辩题难度太大,不易在辩论中占据优势,因为凡事都要先规划啊,无论做什么都要事先想一想才会去做,"仰望星空"意味着要先思考,有想法、有目标、有追求,如果没有"仰望星空","脚踏实地"岂不是变成了毫无目的的"原地踏步"?

听了大家的意见后,我引导他们说:"仰望星空"和"脚踏实地"都是一种形象表述,二者各有价值,问题在于,辩论赛中要先从辩题入手,界定好辩题中核心概念的具体内涵,将核心词的内涵界定为有利于己方的意思,辩论赛在开赛前应先在这一点上多做功课。

经我这么一点拨,大家开始积极思考:如果"仰望星空"的内涵是"远大目标",那么"脚踏实地"就是"一步一个脚印";如果"仰望星空"是"规划",那么"脚踏实地"就是"实施"……最终大家觉得这样界定辩题,"仰望星空"就是"想",而"脚踏实地"就是"做"。在这一类的关系中,"做"应该显得格外重要。没有"做","仰望星空"就变成了"空想"。于是,几位辩手达成一致意见:在辩论赛中,一定要牢牢界定好我方辩题中"脚踏实地"的内涵,按照这个内涵来组织辩论内容,将会更有利于正方辩论,化不利为有利。随后，经过几位辩手的精心准备及赛场上的精彩表现，我们班最终在这次辩论赛上获胜。

在这次辩论赛中，我基本上只是袖手旁观，侧耳倾听，必要的时候提醒他们发动班上学生，请他们为辩论赛的参赛选手出谋划策。作为教师，在教育教学中教师应当坚定地相信学生的潜力，相信学生的能力，尤其是在学生有求助欲望的时候，教师应适当地点拨和引导，这有助于学生取得突破性的进步。

三、吟诵"咏"流传

已经就读大学二年级的小周同学发来信息："袁老师，我的吟诵创新创业项目顺利进入学校的复赛了！祝贺我吧！"小周是我曾教过的一位同学，去年参加高考后如愿以偿进入一所师范类大学就读，他在学校组织的大学生创新创业项目中，以"吟诵"为创新点，申报项目，积极参赛。至于为什么会选择这个项目，还要从她在高二的一件小事说起。

那是在全区组织的一次赛课活动，课题是"我读《诗经》"，我作为青年教师参加此次赛课活动。我觉得要在一节课上学习《诗经》，要么是选择一两首诗，带领学生精读细品，要么就是选择某个题材的一组作品加以赏读。这两种做法似乎都比较常规，不易体现教学过程的创新点。经过几天的思考，我决定在"读"上做一点大胆的尝试，那就是带着学生吟诵《诗经》。这样，无论选用哪一首都可以，只要选其中一首作为例子，进行示范吟诵，就相当于提供了一个样板。最后，我决定选用《诗经·蓼莪》这首诗。我先是向行家拜师学艺，学习吟诵后在班上做了尝试，没想到学生还挺喜欢这种方法，学唱几遍就会了。那一段时间，每到午读的时候，学生就要把《诗经·蓼莪》吟诵一番，因为吟诵有点像唱歌，或许是他们觉得好玩，但我想他们之所以喜欢吟诵是因为通过声音的长短高低、轻重缓急、节奏音律既能体会到汉语的内在韵律，又能激发他们吟诵《诗经》的欲望，这不正好达到了引导学生读《诗经》的目的了吗？

何曾想，一次偶然的教学尝试为小周同学埋下了一颗吟诵的种子，让她深深喜欢上了吟诵。在高中紧张的学习之余，她自学吟诵音频及其背后蕴含的吟诵知识和方法。兴之所至，还会为同学即兴吟诵一首。进入大学后，她还以此为内容，开展了几项与吟诵有关的活动，其中就包括本文开头提到的创新创业大赛。最后她顺利通过大赛评审，成功立项，并在教育实践的时候在一所小学语文课堂上推广通过吟诵的方式学习古诗。

我为她的热情和执着而感动，我们的教师队伍太需要她这样富有热情和创新精神的教师了。教师的教育行为会给学生带来潜移默化的影响。如果学生在成长的道路中有受到教师思想的启迪和引领，该是一件多么幸福的事儿啊！

教师的工作是平凡而烦琐的，但又是重要而富有意义的。我将自己读书时的大学校训"学高为师，品正为范"铭记于心，那时候更多是以此作为要求和规范；而今，在工作岗位上践行的时候，感觉到的更是一种神圣性和责任感。

与学生共成长，一起向未来，我们要且行且珍惜！

[**专家点评**] 这是一位敏感而专业且独具特长的教师。通过《青年报》与《中国青年报》之误引出教学话题，在形象化辩题中能推敲出核心概念的内涵且克敌制胜，用一场吟诵赛课成功引导学生成长，是一位善于从生活出发改善教学方法的好教师。

寻求文言文教学的突破
——古代议论性散文单元教学尝试

成都市树德中学（外国语校区） 王华美[*]

长期以来，在文言文教学方面，我偏重于文言知识的落实，虽然也想了一些办法，但总体而言，教学过程耗时较长，学生觉得乏味。如何改变呢？在新教材、新高考的背景下，我尝试从思维的角度寻求突破，以期更好地发挥文言文的育人价值。

先秦时期的《寡人之于国也》和《劝学》，一谈治国，一谈治学；汉代贾谊的《过秦论》和唐代韩愈的《师说》，一篇借古讽今，一篇直斥现实。从议论说理的角度看，四篇文章很有代表性，不仅可以训练学生的理性思维，能借鉴其说理方法，还可管窥古人的论辩特色。

首先，明确教学定位，把握文言文的教学规律，努力做到"言文融合"，同时又突出议论文的文体特征，引导学生把握文本的观点和思路，分析其论点、论据与论证，体会其中蕴含的论辩艺术和语言风格。基于文本引发的思考和质疑，训练思维能力，培养思维品质，体悟传统文化成为本单元学习的重点。其次，从思维的角度重新审视文本，设计恰当的问题和学习任务，引导学生进行充分的思考和交流。

针对《寡人之于国也》的教学，我重点抓住了各部分之间的逻辑关联，试图让学生对文本内涵理解得更为透彻。文章开篇，梁惠王的一问统领全文。准确翻译并不难，难在理解这一问所包含的深层意思。梁惠王说："寡人之于国也，尽心焉耳矣。"[①] 怎么理解他的"尽心"呢？从动机来看，"尽心"的意图是什么？学生经过分析后指出梁惠王是希望通过增加人口或增强国力，进可争夺天下，退可保全国土。我随即提出问题：如何才能达成这样的目标呢？让学

---

[*] 教育信条：深耕语文天地，促进生命成长。
[①] 人民教育出版社 课程教材研究所，中学语文课程教材研究开发中心，北京大学中文系 语文教育研究所. 普通高中课程标准实验教科书 语文3 必修[M]. 北京：人民教育出版社，2007：46.

生各抒己见。我顺势提出"霸道"与"王道"这两个相对的概念,孟子主张王道,梁惠王呢?仅从"王好战"一句可知,从效果来看,"邻国之民不加少,寡人之民不加多"[①],为什么劳而无功?"用心"移民、移粟但饥荒不会减少,粮食不能增加,问题依然存在。更为重要的是要避免发生灾荒,或者将灾荒的危害降到最低,即孟子所言"乐岁终身饱,凶年免于死亡"[②]。显然,梁惠王只看到眼前的事与愿违,却不能把握问题实质,暴露出其思维的狭隘性和浅表化。

接下来是孟子的阐述,他论述了梁惠王做法的局限性,又对其予以了否定,然后正面提出其治国主张。

有学生对"王如知此,则无望民之多于邻国也"[③] 感到困惑,弄不清楚它与"五十步笑百步"之间有何关联。我引导学生思考二者的相似之处。"五十步""百步"都是逃跑行为,为人不齿,实质一样,只是程度不同而已。回到首段对梁惠王的陈述,他自认为比邻国之君要尽心、用心,而所做的无非"移民""移粟"这样的事情,即便有胜过他人之处,也不过如同逃跑五十步与逃跑一百步的区别罢了。他和邻国君主同样迷恋"霸道",只考虑自己的利益,置百姓于水火之中。试问,君王虐民,民又如何会主动归顺呢?"民"当然就不能"加多"。原文中省略了类比推理的过程,于是我让学生进行补充,这样他们既体会到了孟子的论辩艺术,也训练了他们的思维能力。

梁惠王的治国方向不对,那么正确的方向是什么呢?"行王道!"孟子的论述分为两个阶段:王道之始、王道之成。学习最后一段时,我再次提问:结尾"王无罪岁,斯天下之民至焉"是从否定的角度说的,若从正面论述,又该怎么说?孟子的本意是君王应承担这个责任,做君王的应使百姓"养生丧死无憾"。既然归罪于君王自己,君王就必须改变自己的行为,主动施行仁政,追求"王道"。引导学生进一步思考:为什么不从正面直接说出来呢?孟子一是考虑到谈话情境,规劝梁惠王,要考虑听者的感受,不宜直接指责;二是行王道只需要做到"无罪岁"即可。我继续追问:行王道果真如此容易吗?是孟子看问题太简单化,还是一种吸引对方的言语策略呢?从某种意义上说,孟子的论述的确有夸大的成分,但反过来想,连这样简单的几条都做不到,甚至没人

---

① 人民教育出版社 课程教材研究所,中学语文课程教材研究开发中心,北京大学中文系 语文教育研究所. 普通高中课程标准实验教科书 语文3 必修 [M]. 北京:人民教育出版社,2007:46.

② 孟子 [M]. 万丽华,蓝旭,译注. 北京:中华书局,2007:16.

③ 人民教育出版社 课程教材研究所,中学语文课程教材研究开发中心,北京大学中文系 语文教育研究所. 普通高中课程标准实验教科书 语文3 必修 [M]. 北京:人民教育出版社,2007:46.

愿意去做，这实在发人深思。于是我引导学生继续思考：梁惠王会采纳孟子的建议吗？如果没有采纳，那又是为什么呢？是孟子的论述说服力不足吗？经过以上思考与交流，学生学习的兴趣更浓了，也有较强的获得感。

《劝学》第二段在连用几个比喻之后，指出"君子博学而日参省乎己，则知明而行无过矣"[1]，这一结论与前面的比喻有怎样的关联呢？青比蓝颜色更深，冰比水更冷，直木变弯，弯木变直，金变锋利，无非一个"变"字，往好的方面、往自己期望的方向变化，这就是"物"的变化。而"人"要怎样才能发生这种变化呢？学习能让人生成智慧、矫正错误。这一段论述了学习的重要意义，我们还可以看出儒家的学习着眼点不在于知识、技能，而是智慧与行为，其中包含了学习方法，如广泛学习、博采众长、反省自我、落实行动。第三段，"君子生非异也，善假于物也"，既然先天没有差异（更准确的说法应是差异不大），君子与常人的差别在于是否善于利用外在条件。这与"学习"又有何关联呢？学习也是利用外在条件，弥补自身不足的一种行为。抓住论述中省略的部分或是表达含蓄之处，可以大做文章，学生在"补白"的过程中，能让自己的思维更灵活、更严密。

四篇文本的论述都有不少值得学习借鉴之处，需要引导学生认真体会，如《劝学》的比喻论证，《过秦论》的列举事实和对比论证，《师说》的对比、举例、引用等。但是，文本是否是无懈可击呢？或者说，今天对于文本所涉问题，我们有没有新的认识呢？质疑并不是最终目的，鼓励学生质疑意在引发学生展开深入思考，形成合理见解，通过交流来修正并完善学生的思维过程。

《劝学》中节选的部分主要是谈学习的作用、态度和方法，在今天看来，其思想内涵有限，比喻论证突出，但论证方法显得十分单一，学有余力的学生可以通览全文。在教学中，我还鼓励学生发现文中论证存在的问题：有学生谈到螃蟹应为八条腿，螃蟹会打洞，作者犯了知识性错误；也有学生说蚓"上食埃土，下饮黄泉"并非因为"用心一"，应从生物学的角度分析，说它"专一"实属牵强附会；还有学生说，积土成山，积水成渊，不知何年何月去了，恐怕比愚公移山还难……在学生发言的基础上，我指出：我们展开讨论不是要苛责古人，比喻论证通俗易懂，生动形象且感染力强，但以物喻人，人与物毕竟差别甚大，说服力确实略显不足。

阅读《过秦论》的时候，除个别史实有误外，我提醒学生关注夸张手法的

---

[1] 人民教育出版社　课程教材研究所，中学语文课程教材研究开发中心，北京大学中文系　语文教育研究所. 普通高中课程标准实验教科书　语文3　必修[M]. 北京：人民教育出版社，2007：48.

运用，这虽然增加了语言的气势，却导致了文本不够严谨。秦灭六国是如此容易吗？秦的灭亡仅仅是"仁义不失而攻守之势也已"这一原因吗？我们写文章不能因为要得出某一结论，就扭曲事实，或者有意忽略对自己论述不利的因素。随后，我抛出问题："文学性表达与逻辑理性可以兼顾吗？又如何兼顾呢？"中国古人的论述往往缺少严密的推理过程，有简单化、绝对化的弊病，又以文采来掩饰理性的不足，作为当代青年应更加注重对理性精神的培养。此外，关于六国与秦的灭亡，我推荐学生阅读《过秦论》全文，并关联元代李桢的《六国论》及杜牧的《阿房宫赋》等文本，同时引入史学界的一些代表性观点，让学生充分讨论，然后自选角度写成文章。

《师说》中存在贬低"童子之师"的倾向，因此我提出疑问，从我们自己的经历来看，"童子之师"仅仅是"授之书而习其句读者"吗？韩愈为什么这样说呢？这篇文章谈的是什么人从师的问题？若明白了韩愈的论说是针对士大夫而言的，那么文章就好理解了。接下来，引导学生思考"士大夫为什么不从师呢？"一方面自以为是，没有高远的追求，不能意识到自身不足；另一方面，风气使然，有所顾虑。我还提出："师者，所以传道受业解惑也"，这个"道"究竟是什么？引导学生联系《劝学》中的"君子博学而日参省乎己，则知明而行无过矣""积善成德，而神明自得，圣心备焉"[①]，思考儒家的教育目标。

在开展文言文教学时，要想方设法让学生读下去、读进去，开动脑筋，调动学生的学习热情，使他们学习文言文也能乐在其中。可根据文本内容画出思维导图，让思维过程显性化。在深入阅读的基础上，纵横联系，古今贯通，并大胆质疑。文言文教学无法回避语言知识点的问题，但不要局限于机械记诵，应从文字、文章、文学、文化等层面充分挖掘其魅力，引导学生把文言文学"活"，学得有滋有味，形成一种良性循环。

[**专家点评**] 从思维入手突破文言文教学难点，这位教师恰切而机智的设问能引导学生用理性眼光深入探究问题的本质；打通文本与文本、文本与生活之间的关联，获得更为丰富而完美的体验，使思维向深度和广度延伸，使学习变得鲜活而富有动力，使教学过程贴近教育目标。

---

① 人民教育出版社　课程教材研究所，中学语文课程教材研究开发中心，北京大学中文系　语文教育研究所. 普通高中课程标准实验教科书　语文3　必修［M］. 北京：人民教育出版社，2007：48—49.

诗意的微光渗入高三学生学习的罅隙

四川省成都市郫都区第二中学　文春霞[*]

高三的节奏十分紧凑，高三的时间必须分秒必争。周六晚上放假，周日下午返校，说是放一天，实则不过大半天，还要扣除一部分学生额外的补课。周六学生开心地说着"下周见"，不过是"明天见"。

为了让他们喘口气，高三开始周末我就从来不布置作业，除非放大假。只是在平常他们上课状态不好时会假意威胁他们，"不好好听课，周末就布置作业"。学生立刻会笑着回复我："认真、认真，谁不认真？"一学期下来，虽然给他们布置的作业少了，但他们的成绩不仅不降反而有小步上升。一下课，文科班的女孩子就爱过来抱抱，极像撒娇的懒猫。有时候是问问题，更多时候只是撒娇和诉苦，看着她们本该明媚的笑脸上有挥不去的疲惫，我心里是纠结的，因为我知道这是一个必经的过程，又希望这个过程能够稍微轻松一点。怎么才能在高三黯淡的天空中注入一丝微光，涂抹一点亮色？

"一诊"过后，情况更甚，她们冲刺之后一下子虚脱了，卸下铠甲后就失去了继续奔跑的动力和勇气。聪明甜美的××同学"一诊"前终于觉醒，好学善思，自信满满，"一诊"后却抱着我哭："我不想学了，什么都不想学了，华中师范大学也不要了。"

恰逢百日誓师即将到来，我终于决定和学生一起用写诗的方式为青春告白、向高三宣誓！我们以前从来没有写过格律诗，现在时间又这么紧，学生还愿意写吗？他们能写好吗？愿意不厌其烦地修改吗？我又能付出足够的时间和心力指导他们吗？这些我都没有底。但我实在想为他们的高三找一个精神出口，增加一抹亮色，多一份美好的回忆。于是，开展了"迈进高三、翻越高三"的原创古体诗主题活动。

在第一节课堂，我先讲了此次活动的主题和要求，和同学一起研读了两篇分别从家长和学生的角度书写的励志古体诗，让学生直观感受此次古体诗创作

---

[*] 教育信条：宽容与严格并行，谆谆教诲；平等与尊重相融，循循善诱。

的格式和内容。学生有点小不情愿，我自然忽略了这些。周末交上来时有点惨不忍睹，大部分没有押韵，也没有具体内容，甚至一部分句数都不对。看了兄弟班的，发现要好很多，至少有可圈可点的好句，我深受打击。于是晚上发奋图强，准备自己先写一首，没想到夜深人静后越写越有感觉，一口气分别从教师、学生、考前、考后、感恩五个不同的角度进行了创作，然后在兄弟班挑了五首学生作品作为典型案例进行分析。

在第二节课堂，我先在兄弟班学生作品中选出好句，师生一起点评优点，指出修改意见，然后展示我的作品，细述我写作的心路历程，最后一起总结一首好诗的要求。也许是我一口气写出了五首震撼了学生，也许是兄弟班学生的好诗刺激了他们，也许是读了这么多诗有了感觉，这次他们眼里有点光了。周末交上来的修改稿比上次好了很多，终于有十来篇诗作可圈可点了。

在第三次课堂，我把写得好的学生的前两次诗进行对比展示，让学生直观感受这些学生的成长及仍不完美的地方。再结合杜甫"语不惊人死不休"和贾岛"僧敲月下门"的典故，得出好诗是改出来的结论，希望激起学生继续修改诗歌的兴趣。但我并没有抱太大希望，他们在高三的百忙之中能够认真写已经是很难得了。

没想到学生修改的热情惊人，一下课就有学生冲上来给我看修改稿，我们一起斟酌推敲。周××反复修改了十几次，最终写成了三首，还创造性地把各学科特征巧妙地串成了一首诗；陈×反复修改了十几次，字斟句酌，写成一首押韵又内容充实生动的"陈×必胜"的藏头诗；看到陈×同学写成了藏头诗，曾××同学不甘落后，也反复修改终成"××考上杭州师范"的藏头诗；卿××同学从最初句数都不对，到最后改好一首，再到文思泉涌每天一首，最终写好了五首律诗和两首绝句，首首都很惊艳。这个修改活动持续了两周，课余我和学生都沉浸在咬文嚼字、句斟字酌中，脑海中随时都是要压的韵在盘旋。写诗没有成为高三学生学习的负担，反而让他们感受到了学习的乐趣。

后来，学校领导知道了这件事，也看到了学生的优秀诗作，觉得这个活动很好，展现了高三学子积极向上的精神风貌和努力拼搏的奋战决心，于是挑选了七十多首优秀诗作，颁发获奖证书并制作成精美的展板摆在百日誓师的拱门之下，以供全校师生赏读。看着被选上的学生兴奋地约同学和自己的诗作合影，听得旁边兄弟班学生十分羡慕。

在后来的活动感受分享中，陈×同学说：一开始完全不会写诗，没想到最后可以写出好诗，没想到自己也有语文的高光时刻，很开心。巫××同学说：有一点点喜欢写诗了。代××同学说：不仅学会了写诗，在翻字典找字中还积

想象与思辨
——蒲儒刬名师工作室成员研修成果集萃

累了更多的好词,写作文题目更对称押韵了。卿××同学说:这次体验很美好,是高三最快乐的日子。朱××同学说:这次诗没写好,我用一首古体诗表达自己的感受。还有好多学生写了自己在此次活动中或多或少的成长与变化。周末回家好多学生还把自己的诗作和奖状发了朋友圈,以表达自己的高兴与自豪。

我很庆幸能在高三带领学生写诗。以后他们可能会忘了高中很多事情,忘了我,甚至忘了这次艰辛的努力,但我相信这次写诗的经历确如微光渗入了这届高三学生学习的罅隙,有那么一段时间,高三的我们除了高考还有诗和水仙花!

[**专家点评**] 以文学教育为主体的语文学科本来是充满诗意的,这位教师将写诗比作高三学习生活中的微光,可见高三学生学习压力之大;但她将语文教学过程变得充满诗意且流光溢彩,只是这要付出很多辛苦和劳作,这是光明的代价,也是值得的努力,看似减压实则寻回了动力,看似与有用的考试无关实则事关学生的终身发展。

课堂生成　思维深入

成都市树德中学（外国语校区）　张　捷[*]

教育观念决定了教育教学行为，在走上讲台的二十多年里，为了与学生一起改变、成长，我不断学习，主动寻求改变。犹记十多年前，陈同学在周记中说：张老师，我好喜欢您，听您的课，我觉得是在听《百家讲坛》。以前听到这话时，我颇为沾沾自喜，觉得这是学生对自己的认可。但现在，我想对这位学生说："对不起，课堂不该是我的独角戏，课堂应该是你们的。我应该把课堂还给你们。"

课堂的主体应该是学生，教师只是引导者。教师进行的教学活动应能启发和引领学生进行深入思考。在课堂上，教师侃侃而谈呈现的是教师对文本的理解，而非对学生思维能力的训练。

一、利用学生疑虑生成新的教学思路

备课时，我们会对主要教学活动有所预设，针对问题也会预设答案。课堂上，学生不可能预设问题或预设答案。学生的回答常常会带给教师惊喜，超越教师的预设，推动教师进一步思考。这时，如果恰当利用学生的回答顺势而为，会让课堂进入另一番境地。

在教授《始得西山宴游记》一课时，我预设的教学过程是概括众山与西山的特点；分析柳宗元游众山和游西山的心情，进而理解柳宗元对西山寄予的深情。上课伊始，我请学生用尽量简洁的语句概括文本中每段话的主要内容。第一段描写了柳宗元未游西山前麻木的生活状态。没有想到一位学生用了"如梦初醒"四个字概括第一段的主要内容，这让我大受启发。于是，我马上追问：你为什么用"梦"来概括柳宗元到西山之前的精神状态，文中又有哪些语句是依据？……

利用学生的这一回答，我进一步引导学生深入分析柳宗元游众山、游西山

---

[*] 教育信条：做一个有温度、有深度、有趣味的教育者，与学生一起成长！

的不同感受，深入理解"始得西山"之"始得"的深刻内涵。

如果按照之前的设计，学生的这一回答似乎没有价值，顶多就是点评该回答概括是否得当。但在当时，听到学生这一回答后我有点小小的震撼，猛然觉得这个词特别准确地概括出了柳宗元当时的状态与心态。这个词与"始得"一词无缝衔接，如梦初醒方始得西山。进而引导学生深入体悟作者的情感，则更有针对性。

课堂上灵活利用学生的回答，适时生成更有效的教学活动。

二、课堂追问深入文本内涵

教学中通过设问引导学生逐步深入文本。问题的设置是否合乎文本的逻辑？是不是聚焦教学目标的有效提问？课堂状况是最好的检验。问题设计合乎文本与学生思维的实际，这才是有效的提问，也才能引导学生进行深入思考，训练学生的思维能力。

在学习苏轼的《赤壁赋》一文时，我引导学生分析并理解"客"为何而悲及"悲"的内涵，这是理解苏轼丰富思想的重要铺垫。

师：第三段着重写了曹操这一形象的哪些特点？

学生1：曹操渴望人才、渴望建功立业，他意气风发，又满怀斗志与豪情……

师：曹操之例表达了"客"的什么观点？

学生通过分析文中对曹操之例描述的语句，概括"客"的观点：即使是英雄也不会长存。

师："吾与子"之例又寄予了"客"的哪些思想情感？

学生2："吾与子"是平凡人，个体渺小，人生短暂……

如果分析到此，学生可能并未深入理解"客"为何将曹操、吾与子列举在一起的深刻用意。所以，我设计了一个问题引导学生思考二者并举的逻辑关系。再追问客为何而悲？请概括悲的内涵。希望通过这个问题引导学生思考"客"列举英雄的曹操、平凡如"吾与子"之例的用意，不仅表达了对英雄的羡慕，感慨吾辈之平凡，还揭示了无论是建立了功绩的伟人，还是平凡的众生，生命的本质都是走向死亡的悲剧。走向死亡是人类的宿命，是人类存在的悲剧性，谁也无法改变。"悲"的内涵可以概括为：人生短暂；生命无常；个体平凡且渺小，人生的归宿是死亡。

如果学生着眼于局部，对"客"的人生观的理解就会停留在"客"伤感的是英雄不再、人生苦短的层面，不能更深入地理解"客"之悲其实是人类生存之普遍悲剧性。

层层推进的设问带动了学生对文本的思考走向深处，同时在多层提问中搭好了学生思考的脚手架。理解列举曹操、"吾与子"之例的含义与作用就是脚手架，为后文理解苏轼的人生观做铺垫。苏轼虽看清了生活的真相，却依然热爱生活，珍惜生命中所拥有的一切，哪怕是坎坷与困境。如此通透，如此洒脱，能有几人？

课堂追问的价值就在于引导学生逐渐走向思维深处。层层追问、环环相扣，延伸思维链条。

三、提问源于文本的即时拓展

文本中常有一些细小却是理解关键的点，如果能抓住这些点，进行有效提问，往往能生成新的思维结果，经历思维碰撞后推动学生深入理解。如在《山中与裴秀才迪书》一文中有"非天机清妙者，岂能以此不急之物相邀"[①] 之语。所以我从"天机清妙"之语发问，提问学生：何为"天机清妙"？学生受"天机"一词内涵的启发，深入理解了文本中蕴含的道家思想。天机，天性；清妙，超尘脱俗，与众不同，没有机心，出于天然。超尘脱俗与道家之取法自然的思想一致，也与隐者之心灵追求相一致。

道家讲究天人合一，在自然中找到安心之所，其实质就是纯粹、天然。所以，道家讲究无机心，这是一个理解道家在自然中获得宁静的例子。这样既能丰富学生的认识，也能为学生的思考提供更多的方向，训练提升学生的思维能力。

学生是课堂主体，在课堂教学中，我们有意识地利用课堂生成，把握课堂设问的时机与关键之处，不断激发学生思考，就能让课堂成为学生思维能力培养的主阵地。

[**专家点评**] 学生是课堂行为与活动的出发点和归宿点。这位教师立足于这一点，才会有学生"如梦初醒"的真实阅读，才有追问生命之"悲感"的体察，才有对道家"天人合一"纯粹之境的深度理解。

---

① 人民教育出版社，课程教材研究所中学语文课程教材研究开发中心. 普通高中课程标准实验教科书语文读本 [M]. 北京：人民教育出版社，2007：58.

第二篇　教育叙事

上一篇是教学叙事，是针对教学过程而引发的思考；这一篇为教育叙事，是针对与教育相关问题而展开的。细思之，一个人从出生到生命终结不就是要解决一系列人生问题吗？但中学阶段的学生处于所谓的青春期，世界观、人生观、价值观的确立，学业的完成，情感的困惑等，都是必然要面对的大事。从相关教育叙事中看，数不清的、意想不到的、具体而微的问题都涉及了，诸如大到学生对自身价值或学业价值认同的问题、学生对成人与成才的权衡、学生对情感与学业的取舍，小到座位的安排与选择及一个不同寻常的表情、言语与动作等。教育就是要面对这些问题，关键还在于解决问题的专业性。教师要能敏锐捕捉到学生面对的问题的细节，这是解决问题的第一步。而诸如让学生开口说话并耐心地听取他们的倾诉，不粗暴地按成绩排序安排座位或选座位，与家长保持沟通但又不轻易请家长；学生的情感问题、认知问题，教师要能共情，对他们既晓之以理，又动之以情；学生的学习动力问题，教师要寻求学生学业进退表象之后的深层因素，面对问题寻找其实存原因并予以解决等，这都是基于专业水准解决教育问题的办法，我们不一定做得很完美，但正朝着专业方向努力。

教师还要有一颗真诚的心，急学生之急，想学生之想。面对教育问题，如果按照传统教育经验开展工作或按部就班从事教育工作，我们就得反省自己是否秉持了真诚的心。教育教学的过程会不断涌现新问题、新课题，比如学生的世界观、人生观、价值观的问题，心理健康问题等，这既考验教师的专业水平和技能，更需要教师有一种纯粹的职业精神。

口罩的故事

成都石室蜀都中学　艾　刚[*]

一、"教师节快乐"

每一句祝福都是爱的真切表达，我曾收到过很多学生送的小礼物，其中，最特别的是这个学生送的。"送给我的男神！"今年教师节，我去上课，走上讲台就发现讲桌上放了些小礼物，祝福卡片啦，小零食啦，小手工啦，足有一小堆。

当值日生喊了声起立，我先给学生问好，全班学生整整齐齐地、大声地说："艾老师，教师节快乐！"看他们脸上带点小狡黠的表情和有点小得意的微笑，我让他们坐下，说："看来今天大家心情不错呀，向老师问好都不一样！""是嘛，今天教师节啊！"几个学生在下面说道。小宇同学站起来说："艾老师，请您打开礼物！"另外几个学生也起哄让我看礼物。我把贺卡拿在手中，所有学生都盯着我的手，看了几张卡片上面写着"老师辛苦了""教师节快乐"，但一个小包有些特别，里面装了几颗糖，一张便签上写着："祝老师每天都过得像糖一样甜蜜！"

"艾老师，看我的，看我的！"我发现小宇还没有坐下去，正伸着脑袋张望。这个学生是最让我头疼的一个。在班上自诩为我的粉丝团团长，有人说了对我有意见的话，他肯定要为我辩护，并不惜和对方吵闹。但在这个班上他是被我批评得最多的一个。他的学习自觉性比较差，作业拖沓，要么简单写点，要么留着空就交上来。课堂上倒是常举手，也不在乎自己答案的对错，思维较跳跃，比如我在为全班同学介绍作者的背景资料时，他不举手就在大声问："他哪一年死的？"遇到作者是古人的时候他是这样问，遇到作者是现代人，他也会问"他死没有？"上次我要求学生假期时看一部刚上映的影片，其他学生在进行课堂分享的时候，他当着全班同学问我："艾老师看没有？"我说看了，

---

[*] 教育信条：守正笃实，行稳致远。

他马上问："在哪个影院看的？多少钱？"最后他又评价说："你好有钱哟！"仿佛他关注的点不是课堂本身，这让我内心有些担忧，想之后有机会一定要调整一下他的关注点。

"哪个是你送的呀？"我问。

"最下面那个！"

我发现几位同学在下面捂着嘴笑。我翻看最下面，仔细一看，原来是一个透明包装的口罩。我说："从疫情发生以来，口罩是一个好东西呀！珍贵哟！"我拿起来，上面好多字。有学生在下面喊："念一下！念一下！"小宇马上说："艾老师，不要念，只许您一个人看！"其他同学不干了，继续喊："念！念！念……"好吧，民意不可违。

这个口罩外包装上写满了各种祝福语，开头是：TO艾老师！包装上正反两面都写满了字：艾老师永远18岁！永远的男神！永远年轻！教师节快乐！我是你永远的粉丝！还画了笑脸……结尾写着：送给我的男神！这是怎样奇特的构思哟！小小的口罩外包装上，写满的各种祝福语句，分明感觉到外包装太小，感情太重！祝愿、关心从字里行间扑面而来。这个学生在课堂之外见到我总是很远就和我打招呼，一群学生一起遇到我时，他必定是第一个与我问好的学生，"嗨，帅哥！""嗨，刚哥！"他对老师的尊敬完全从心里溢出来。

二、"国庆节快乐！"

国庆节前最后一节课，上完这节课就是七天大假了。学生的心早就飞走了。我上完课以后，留下了三个孩子，因为他们没有完成背诵的任务。不管他们有多着急，我都稳如泰山。

我的科代表英子带领她们小组还在打扫卫生。十多分钟后，打扫卫生的同学完成了任务后走了，英子还在布置教室。英子的爸爸已在教室外面等她了。一个没有完成背诵的同学找到英子，希望在她那里背诵。我说："别耽误科代表了，你到我这里背诵吧！"那个同学迟疑着不肯动，英子说："没关系，艾老师。让他在我这里背了我再走。"我知道背诵任务完不成的都是学习上的后进生，在我这里背书，心理压力会更大。她把那个同学领到后边角落里，过了好一会，这个同学终于拖拖拉拉地背完了。英子来和我告别，她的爸爸也过来和我打招呼，我才知道英子和他爸爸要一起回老家去。我有些感动，心里暗暗想，英子真不错。

英子背上书包和他爸爸高高兴兴地离开教室，大约十秒后，她又折回来，手里拿着两只口罩，略带激动地说："艾老师，送两只口罩给您！爸爸刚给我的!""谢谢啊!"我接过来,发现了那个口罩的不同,口罩正面是鲜艳的中国红,印着五星的底纹图案,有五个字分成两排:我爱你,中国!

"明天就是国庆节了,您要戴这个口罩哟!"英子脸上显得格外高兴。

"好!"我心里一下高兴起来,这学生太有心了!

"国庆节快乐!"英子挥挥手,"老师再见!"

下班后守着学生背书的那点不愉快一扫而光,心里也开始期待明天的国庆节了。她分享给我的不仅是国庆节专用的口罩,而且是国庆节的快乐!她特意折回来,让我感到被接纳、被珍视、被尊重。

作为老师,何其有幸!

师生之间只要一句问候或一个眼神,立刻就能产生美妙的"化学反应"。我们在不经意间被小事触动的瞬间,那些传递和扩散的真诚和善意,可以让更多人感知,如同石子落进平静的水面,漾开波纹,在心底留下了美的涟漪,纵然如昙花一现,也不曾忘记曾经温暖的时光。

老师的很多行为,只是自己工作的一部分,但是却能被学生铭记,赋予老师很多崇高的字眼。对老师而言,是不是更应该感激我们的学生、感谢我们的职业给我们的馈赠?感恩之心的相互碰撞,必然能谱写出最美妙的乐章。

[**专家点评**] 这是与口罩相关的两个特别的小故事。一个是调皮男生把口罩做成礼物送给自己的老师,一个是在国庆节假前科代表送给老师有特殊意义的红色口罩。这些故事背后一定与教师日常对学生的关心有关,所以学生会在特殊的节日向教师表达自己的喜爱之情。

一位潜能生转变的艰难历程

四川省双流中学　陈剑泉[*]

小李同学是我校高 2012 级的一名学生，在高一第二学期分文理科时，进入了现在的 22 班学习。在小李同学进入 22 班之前，我对他已有一些了解。记得在高一第一学期后半期，即 2012 年 11 月下旬，在去武隆中学开展教研活动的途中，我接到了一个电话，说小李同学在课堂上公然辱骂语文老师，加上他平时迟到、旷课、不完成作业、教材丢失、扰乱课堂纪律等，他的操行分低得可以劝其退学两三次了，当时的班主任按照学校要求，决定劝其退学。归校后，我在向其班主任了解情况之后，厚着脸皮说道，可否要求他向教师道歉并保障今后不再做违反学校纪律的事，劝其回家由家长教育一周，如果今后再犯，直接劝其退学。尽管该班主任很为难，还是答应了我的要求，我甚感欣慰。

高一第一学期之后的寒假同学聚会，我见到了小李同学的家长，我们谈到小李同学的教育问题。当时，小李同学在班上名声很不好，他自己感觉在这个班待不下去了，再者，他想学理科，但是原来的班是倾向于文科的。几经折腾，小李同学又信誓旦旦地保证要改正以往的一切不良行为，家长希望我为他选一个管得严的班。这的确让我很为难，于是去跟年级组长说情，把他调到 22 班吧，这个班是我教的实验班，不至于让年级组长为难，只是难为了 22 班的其他科任老师。

高一第二学期开学前，我与小李同学深度交谈了一次，他再三向我保证，一定尊重老师，认真学习，积极完成作业。说实话，听到他的保证，我没有抱多大信心，但没在他面前流露出来，只是一再向他强调，作为一个男子汉，一定要说话算话，决不能出尔反尔。

开学第一天，孩子分科后应该到 22 班的班主任处报到，报到时他就与 22 班的班主任发生了冲突。班主任问他的户籍在哪里，他回答："你不晓得自己

---

[*] 教育信条：教师的最高境界就是把自己变成一名学生。

看吗？"由于小李同学的态度不好，22班的班主任生气了，偏要学生自己回答，而他偏不回答。后来，他回到家就被父亲责骂了。第一天就不是个好兆头。之后，他的母亲反复问他，为什么不回答老师的提问，他才说："我老家是达州渠县，但一直在成都读书，自己也不知道户籍在哪里。"他无法回答老师，说话语气又不好，又不愿意当面承认自己不知道，矛盾就这样产生了。

我再次找他谈话。他告诉我，自己确实想改、想学好，但自我控制力太差了，有时候上课不知不觉就会大声冒出一句话来，逗得全班发笑，惹得老师讨厌。我于是对他说，自控力差可以寻求他控，但前提必须是你自己是自愿的，他控时不能与外力发生抵触。他同意了，于是我与他母亲商量，征得他本人同意，让他每天下晚自习后到我办公室学习一个小时，然后由他母亲接回家中。之后，我把小李同学的情况向班上的每位教师都做了介绍，想通过教师的合力来矫正他的行为。

起初我发现小李同学上课时总是不能集中注意力。老师看他的时候，他立即就装着很认真的样子，老师的视线一离开，立即就会做其他事。桌子上书摞得很高，用来遮挡老师的视线，书籍试卷乱糟糟的，常常要花很长时间才能找到需要用的教材，没有做笔记的习惯，依然不做作业。

我询问他："你听课了吗？"

"听了。"

"听懂了吗？"

"有的懂了，有的没懂。"

"为什么不做作业？"

"不会做。"

"我发觉你课堂上注意力不集中，把书摞得很高，是为了挡老师的视线，好为自己看其他东西做掩护。"

"有的课，我根本听不懂，只好做其他事了。"

"你语文课也听不懂吗？"

"诗歌和文言文好无聊啊！学这些东西没多大意思。"

不久，小李同学在课堂上与英语老师发生冲突了，英语老师打电话告知我事情的经过，大概是小李同学的英语单词听写不过关，老师批评他几句，于是他就开始顶撞老师，并说了一些让老师难堪的话，气得老师都哭了。事后，小李同学也十分后悔，怪自己太冲动，控制不了自己，主动向英语老师承认错误。这时，一位曾经在高一第一学期教过他的物理老师说，这孩子可能有心理问题。通过一段时间的观察，我也感觉小李同学需要心理矫正。

我同他母亲进行了交流，首先找了一位心理专家进行咨询，心理专家听了情况介绍之后，初步得出结论：小李同学遭遇到的基本上都是挫折和失败，想改又找不到方法，老师和家长发现他做错了只会谴责他，却没有给他指出正确的做法，孩子是茫然的，也是痛苦的。

小李同学的家长对自己教育孩子的方式进行了反省，其母亲发现她自己脾气急躁，一旦小李同学犯了错误，就劈头盖脸不分青红皂白地骂一通，有时急得直哭。而小李同学的父亲工作太忙，没精力管教他，与他缺少沟通和交流。家长认为小李同学出现这种情况，他们有不可推卸的责任，因此，家长开始从自身做起，不再对他大吼大叫或任意打骂，尽量与他沟通。小李同学的母亲还报了心理培训班，既治疗了自己的心理问题，也向心理专家讨教矫正小李同学心理问题的方法。

不久，小李同学与班主任再次发生冲突。双流区电视台到22班采访巴塘县学生到我校就读的情况，要在班上拍视频，而小李同学不听老师招呼，仍然把桌子上的书摞得很高，挡住了拍摄，记者就向班主任反映该学生不配合拍摄。班主任把小李同学叫到办公室，狠狠地批评了一顿，小李同学哭了，表现得十分恼怒，情绪十分激动。后来，小李同学仍是十分后悔，感觉这次可能再也读不成书了，回到家里哭了很久，主动向老师赔礼道歉，并保证再也不犯了，但，这样的保证已经不计其数了。

在心理专家的启示下，我们认为要改变小李同学要从以下三个方面着手：一是要改变家长的教育方式，二是要为学生提供改正错误的方法，三是要监督到位。

第一点我们做到了的，从小李同学的家长进入了心理培训班后，其教育方式就悄然发生着改变，这一改变同时也改变着孩子与家长的亲密关系，有几点明显的变化：小李同学愿意将学校里发生的事情跟家长交流了，愿意向家长谈自己的迷惑了，也能够耐心地听取家长的意见了，最重要的变化是他觉得自己的行为对不起家长、对不起关心他的老师和朋友，让家长和关心自己的老师伤心了。这些变化，是一个可喜的进步，重要的是在这个过程中小李同学受到了尊重，内心逐渐阳光起来。

第二点比较棘手，特别是在学习方面。其实小李同学听课不认真，很大的原因是听不懂，这也直接导致了他无法完成作业。可以这样说，他在高一第一学期什么也没有学到。为了解决这个问题，唯一的办法就是补课。补课也要满足两个条件才行，一是他愿意补，二是要有时间补。第一个条件基本上不成问题，当他做不了题、听不懂课的时候，他主动要求补课了。第二个条件确实要做一个长远打算，最后补课时间确定在周末，本来想先补英语和化学，但化学老师认为学生课堂上都不听课，补课也不起作用，便拒绝了给他补课。直到高一第二学期将要结束时，发现小李同学确实在发生改变，化学老师便同意为他补课了。在暑假期间，孩子用掉自己大部分时间补习英语、物理、化学，到高二入学时，他已基本上能跟上老师的课了，尽管有很多作业仍未完成，但不像以前那样所有作业都不做，有些学科的作业不但完成了，而且质量还不错。

第三点"监督"分两步走。

"监督"的第一步是我每天晚上晚自习后的检查监督。着重从以下几个方面进行：第一，检查当天的作业清单，看哪些作业完成了，哪些作业没完成，第二天要交哪些作业，如果第二天没时间完成，就要求在当天晚上完成。第二，反省当天被扣了多少操行分，追问小李同学是什么原因导致的扣分，有多少是自己造成的扣分，有多少是因环境影响造成的。第三，想想第二天可能挣到操行分的机会有多少，如抢倒垃圾、为班级设计班徽、参加篮球赛等。第四，信心值统计，由于小李同学有段时间天天被扣操行分，班主任也很生气，我也几乎要崩溃了，简直想放弃，我对小李同学说："天天对你教育，你天天做保证，但你几乎是隔三岔五总要出问题，操行分一扣再扣，已经惨不忍睹了，几乎触及我的心理极限了，我给你最后一次机会，每周给你信心值十分，你每出现一次问题，信心值就扣一分，每周的信心值低于六分，晚自习后就再也不要到我这里来了，我就彻底放弃帮助你。"小李同学答应了我的要求，每天我数着小李同学当天的问题扣减信心值分数，第一周前两天信心值就扣了四分，再扣一分，我就对他放弃了，说实话，我真不抱希望，结果后面几天，他居然一次也未出错。

"监督"的第二步也是在高二第一学期开始的，以前晚上都是由我监督反馈，现在改为由小李同学的母亲进行监督反馈。我与小李同学的母亲商量之后，其母亲仍采用我的监督方式。不过这期间，小李同学又出现了不认真听课的现象，老师布置的作业他常常出现不交的情况。我向他的母亲强调，一定要每天晚上坚持看作业清单，我语文方面的作业会通过亚教网及时告知家长，无论是默写还是背诵，是试卷还是练习，近段时间他都完成得比较好，很大的一个原因可能是家长坚持采用了我的方式参与了监督管理。我邀请家长加我的QQ为好友，家长可在我的QQ空间获取教育子女的一些方式方法，还可以看到自己的子女及其他学生所写的作文精彩片段，更多的时候是要通过QQ交流子女的一些学习情况。由于前两次作文中的精彩片段的作者，都没有出现小李同学的姓名，他母亲就问小李同学："怎么精彩片段作文里，没有你写的文字呢?"小李同学回答:"你放心,下一次一定会有我写的精彩片段。"果然,后来我看到了小李同学所写的优美文字。

高二第一学期半期考试之后,小李同学的成绩名次已上升到22班第42名(全班56人),他刚分到22班时,名次是班上第54名。尽管如此,小李同学的成绩仍然较差,学习态度还不够端正。科任老师反应:课堂上还不够认真,有些作业如生物等很多都没完成,说明其学习动机是外源性的(为了博得家长好感或老师表扬或不扣操行分),还处于他控阶段。目前,小李同学每天晚上和周末及各个假期,在家长的监督下都能认真地学习,接近一个学期没与老师发生冲突,对老师的态度端正了很多。重要的是,小李同学逐渐在向积极的方面转变。

对于这位学生的转变,我们不能说效率有多高,但只要在一点点地向积极方面转化,那就是成功的,尽管其间有反复。但在这个过程中,我有很多感触,亦有很多收获。

感触之一:转变学生的过程,也是转变家长的过程,同时也是转变老师的过程。家长进了心理培训班,改变了脾气,转变了教育方式,加深了与子女的感情,明白了教育子女的复杂性。小李同学的母亲有自己的事业,是一个成功人士,为了小李同学的教育,她舍弃了很多机会,在东升镇租房监督小李同学,并时刻保持与老师的联系。小李同学的转化过程也提升了各科任老师的教育能力、研究能力,积累和丰富了与家庭教育合作的方法和途径,让教师懂得了利用多种教育方法"齐抓共管"的重要性。

感触之二:学生的成长是一个渐变的过程,不必急于求成。俗话说,江山易改,本性难移。本性难移,说明了本性不是不能移,只是移的过程太长、太过艰难。对于潜能生来说,他们的问题就是习惯问题,这是长期的不良行为、不良心理逐渐累积而形成的,这些习惯的形成具有长期性,而这些习惯的转化自然也具有长期性。

感触之三:情感是学生转化成长的动力。要转化学生,就必须接近学生,并在学生身上施加一定的影响。学生是否能接受他人施加的影响,关键在于学生与他人之间是否有情感交集。同样,作为老师要让学生能接受老师施加的影响,也必须要加强师生之间的情感联络,所谓"亲其师,信其道"就是这个道理。

[**专家点评**]"潜能生"这一称谓反映了教师的教育观念和眼光,在此前提下教师才能与学生一起走过这条成长的艰难历程。在现实中,好多学生因家长的教育观念滞后或教师的教育观念固化而失去成长的机会。因此,本文教师将家长和教师的转变放在第一位,情感上的打通是转变的关键,也是学生成长的助力。

陌生来电

四川省成都市郫都区第一中学　陈　丽[*]

回首往昔，流年似水。在不知不觉中，我已度过了快二十个教师节了，每一个节日都有不同的深刻回忆，但有一年的教师节，令我记忆犹新。那是大约十多年前的一个教师节，我结束晚自习后刚回到家，就接到一个陌生号码打来的电话，我迟疑了一下之后接起了电话。

"喂，您是陈老师吗？陈老师，我是小王……"

"哦，小王，好久不见了哦，有什么事吗？"

"陈老师，祝您教师节快乐……这是我寝室同学的手机，我没有手机……我借他的手机给您打的电话。"

"谢谢小王……"

"陈老师，我想谢谢您，还有……我会努力学好语文！"

"嗯嗯，好……"

我一时语塞，但不知不觉中早已泪眼婆娑。

这个突如其来的电话瞬间打开了我记忆的闸门，与他有关的往事渐渐浮现出来。

这个小王同学我只在高中第一学期教过他。印象中他个子小小的，留着平头，学习认真，爱思考。有时他很热情兴奋，和几个玩得好的同学一起满校园嬉笑打闹；有时他又很腼腆，还没张嘴说话就脸红到脖根；有时他又充满了忧郁的神色，好像在思考着一个困扰自己已久的大难题。

他的总体成绩在班上是名列前茅的，但是语文和英语不太好，尤其是语文，可以算是他所有学科中最短的那根"木板"。为此，班主任没少为他操心，我也经常找他谈心。我了解到他原本有一个幸福美满的家庭，父母在外打工，已为他存好了一笔上大学的费用。谁想一场意外令他的父亲双腿瘫痪，不但花光了家里所有积蓄，还借了一些外债。要强的母亲是家里唯一的经济支柱。他

---

[*] 教育信条：学高为师，身正为范。

是很有志气的学生，很想通过自己的努力改善家里的状况，难怪个子小小的他有时竟会有一种超乎其年龄的成熟和韧劲！

老师没有理由放弃任何一个学生，更何况是像他这样积极上进的学生。于是，针对小王同学的实际情况，我们一起制订了一个自认为可以循序渐进的学习计划。我至今还记得，当我们制订好计划时，他的眼里放出的光亮。

接下来，就是小王同学按照计划一步一步向他的目标迈进的过程。起初，他每天都不折不扣地按照我们的计划执行，犹如一只不断奔跑的小豹子，元气满满。他在语文学习上突然表现得很积极，书写质量也提高了，课堂上主动回答问题的次数也变多了，作业本上红勾数量也增加了，在两星期后的月考中，他的语文成绩也确实进步了不少，一切似乎都在朝着好的方向发展。

看着小王的变化，我也沾沾自喜起来，没想到自己的付出竟然这么快就看到了成效，顿时觉得教学原来是如此简单！令我没想到的是，就在这次月考结束后的大约一星期内的某一天，小王同学主动来找我了。一见到他，我就抑制不住兴奋地表扬了他在语文学习上的进步，丝毫没注意到他与平时表现的不同。一通表扬结束，我以为他会像我一样高兴，不曾想他把头埋得更低了。只见他耷拉着脑袋，涨红着脸，两只手不停摆弄着他的衣角，就在那可怜的衣角快被他扭曲成麻花的时候，他嗫嚅的表情让我知道，他可能遇到了什么问题。后来，他说："陈老师……我……我想放弃语文了……我想放弃我们的计划了。"

当他艰难地说完，抬头的那一刹那，我突然发现他眼里的光消失了，取而代之的，是满眼泪光，这让我的心似乎被猛地撞击了一下，突然变得难受了起来。"什么？为什么要放弃呀？"我以为自己听错了，急切地反问他。

原来，由于他最近花了比以往更多的时间在语文的学习上，虽然语文这科进步了，但是其他几科，都不同程度地下降了，特别是他最有优势的数学，都不再稳居班级第一了。这让他感到前所未有的焦虑，顿时不知所措，他觉得我们的学习计划是顾此失彼，所以，他想要走回原来的老路了，至少，他还可以保住数学。

小王同学的这番话令我猝不及防，没想到一度让我引以为傲的学习计划竟然即将夭折，我非常难受，可是，又不能让他的其他学科因为学习语文而退步啊。应该怎么办？答应他，还是拒绝他？理智告诉我不能答应，可如果继续执行下去，与别的学科之间的矛盾会不会越来越大呢？我苦苦思索，脑子飞快地转着，同时捕捉到一点细节。我突然想起来，当说到想要"放弃"的时候，小王同学似乎是心有不甘的，他来找我，可能不是为了说要放弃吧，也许就是把我当成了树洞，或是为了寻求解决方法而来的呢。

我试探性地告诉他："小王，每一科都很重要，你想想，要是放弃了，要想实现你改变家庭命运的目标是不是就更难了呢？"

"是啊，可是我能怎么办呢？"

"要不，我们现在一起来想想有没有既能提高语文，又不影响到其他学科的办法吧？"

"嗯！"没想到他这么爽快就答应了。看来我猜得没有错。

待确认了他的想法之后，我和他就围绕如何高效学习和协调好各科之间的关系展开了一场头脑风暴。所幸，我们在当天就改进了原有学习计划并达成了共识，我们还约定，他一旦在学习上遇到瓶颈了，要先自己寻求解决的办法，再不行的话就请教老师一起想办法，不能说放弃。

后来，他在语文学习中艰难跋涉着，常常会因为一点点的进步而被我表扬，当然也不免有想要懈怠而被我在私下不留情面地批评的时候，学习计划和学习方法也伴随着他的学习推进而不断调整打磨。跌跌撞撞中，他的基本功越来越扎实，人也渐渐地变得勇敢和开朗，时不时地还会出一些"金句"，获得同学的掌声和惊叹。其他学科也在稳步推进，一切都在朝着好的方向发展。

还记得，当他语文考试成绩获得班级前三名时，他的眼里闪动着泪光。小王同学就是这样不断地奔跑着，向着光，迎着风。后来，高中第一学期结束之后，因为分科，他去了别的班级。

那之后在校园里也会偶遇他，每一次他都是涨红着脸，小声地喊一声"陈老师好"，便低头匆忙逃离。

原以为我和他的人生交集不过如此，没想到，一个学期之后，还能以这种方式收到他的节日祝福。一时间我百感交集，我在想是什么原因促使他打这个电话呢？是因为我对他的尊重吗？还是因为我对他的严格要求？抑或是因为别的什么原因？直到现在，我也不得而知。

陶行知先生说过："捧着一颗心来，不带半根草去。"老师的爱心是教育成功的原动力，老师的爱与尊重是照亮学生心灵窗户的点点星光。在以后的日子里，我会继续与学生交流，让学生感受到学习过程中的乐趣。

[**专家点评**] 这个叙事印证了教育无小事、教学就在细节中这一观点。这位教师面对一个语文学习是短板、遭遇家庭变故的学生，她敏锐地发现了问题，与学生一起制订补差计划，并在学生退缩时与之共渡难关。她与学生的共情能力强，并适时对其进步予以表扬，这也值得我们学习和借鉴。

以人为本　尊重包容

四川省成都市郫都区第一中学　何春阳[*]

最近，总听到办公室的一位同事感慨学生难教育，后来我观察身边的其他老师，他们确实怀有一颗真心呵护、关爱学生，对学生严格要求，恳切教导，耐心指点。有的老师甚至放弃了对自己孩子的照顾和培养，心思都在班上，对学生非常负责。尽管如此，还是会听到师生之间闹矛盾甚而爆发激烈对抗的事情。

小张同学学习很勤奋，算得上是全班最努力的人了，班主任对她的印象非常好。但是小张同学性子急，行为怪异，跟班上好多同学都处不好。出于对她的爱护，班主任一方面私底下多次鼓励她，也借机教她与人相处之道；另一方面，也会找机会在班上表扬她，希望让她在同学心中有一个良好的印象，让大家包容她。然而有一段时间，她总是莫名其妙地哭，在班主任百般安抚之后，她才吐露心声，其中一个原因让班主任错愕，她觉得班主任对她有意见，暗中讽刺她、指责她。班主任觉得冤枉啊，为什么会这样？经过与家长沟通，班主任进一步了解到女孩本身就很敏感，在家里与父母相处时，常常会曲解父母的心思。在学校与同学关系紧张，对他人的认知判断有偏颇，很难信任人。由此看来，教育是一个非常复杂的过程，有很多曲折，不是简单的你情我愿的事情。在师生之间产生矛盾时，既要分析学生的问题，也要反求诸己，反思自身的教育方式，而不是坐叹无可奈何。

曾听人讲到有位老师，在办公室苦口婆心教育一位学生，给他讲了一个小时大道理，最后问这个学生认识到错误没有，学生竟然开口一笑。也曾看到过这样的情景：班主任要某迟到的学生到办公室接受问询，学生却不理不睬地走到座位上坐了下来；老师要某违纪学生到教室后面站着听课，他偏偏冲出了教室；老师批评学生作业完成得不好，学生反而攻击老师讲课水平差劲；老师上课发现了某个同学玩手机，可他就是不肯交出手机，反叫老师下不了台……

---

[*] 教育信条：做有温度的教育，培养高素质学生。

遇到这些情况，老师往往会觉得很没面子，甚至很伤感，认为学生辜负了自己的良苦用心。老师有这些情绪反应很正常，但冷静之后，我们得理性地追问一下：学生为什么会对我持这种态度？我和他师生关系一向正常吗？除他之外，其他学生在接受教育的时候，有过类似的顶撞吗？如果只是特例，那多半是学生当天情绪不对，或者遇到了什么烦心事，一时情绪失控，正好在这个点引爆了。这样的问题好解决，出于对学生的爱护，我不采取升级对抗的行为，先把他凉一凉，等他冷静下来，我再找他交流。当然不是继续给他讲大道理，而是去了解他真实内心，给予真切关怀，帮他解决问题，把相关问题解决好了，当下问题也就迎刃而解了。

但是，如果我明显感觉到学生在跟我唱对台戏，有意地"怼"我，他或者他们，不止一次在一些大大小小问题上与我唱反调，那我得好好反思一下自己，我与学生的相处出了什么问题，我有没有真正走进他们内心，我与学生有没有建立起和谐的师生关系。师生之间爆发正面冲突，看似是偶发个案，或许其背后是负面情绪的长期积累，暴露出师生之间关系对立的深层次矛盾。解决不了这个根本问题，我们的教育就难以施展手脚。

有一位小范同学，性格温和，某天突然冲到政教处，声泪俱下控诉班主任，数落班主任种种不是，诸如恶语伤人、偏心太重、不关心学生、管理无能等，似乎这个班主任十恶不赦，不马上下台的话，不足以向全班谢罪。追根究源，竟是因为班主任安排座位惹怒了她，由于成绩差，她不止一次被安排在最后角落里，一次两次她就忍了，可每次都如此，温和的小绵羊被彻底激怒了，把班主任一顿炮轰啊。问题出在哪呢？出在班主任太"敬业"了，像安排座位这样的事情，好成绩坐"C位"，差生被"发配边疆"，别人能高兴嘛？这么一搞，估计得罪的是大多数同学。取得了好成绩的少数几个也不见得都会领情吧，为什么呢？同学之间的舆论会把老师的问题给无限放大，把老师的形象给矮化了。那么这位班主任该怎么办呢？为了化解矛盾，也为了照顾好成绩，于是他想到一个"妙招"，一个让学生无话可说的"妙招"——按照成绩选座位，第一名最先选，最后一名没得选。这一招果然厉害，堵住了小范同学的嘴，谁叫你成绩差呢，自认倒霉吧。但是学生对老师是不是就服气了呢？依然没有，只是隐忍不发而已，矛盾还是在那里继续发酵，不知在哪个时候会迎来更大风暴。

在学生和家长心目中，座位很重要，坐哪里、跟谁坐好像决定了自己的未来。一个小小的座位，承载的是被尊重、被关爱、被重视的温暖，不应是被忽视、被冷落、被抛弃的寒凉。所以如何安排座位，是班主任的一门工作艺术。

我不太赞同班主任亲自安排座位，因为无论你怎么安排，学生都会有不满意的，容易把矛盾集中到自己身上。上述案例就是一个典型例子，老师先按照成绩来编排座位，后改为按照成绩来选座位，是换汤不换药的做法，把学生分为三六九等，照顾了学业成绩好的，得罪了中差生，导致班级人心分裂，反而会加剧两极分化，不利于班级整体发展。安排座位看似一件小事，却反映出一个老师的育人观，如果我们过分看重成绩，就会以成绩为标准来做出安排，殊不知这么安排的结果可能导致班级出不了成绩；如果我们回归教育正道，以育人为宗旨，把编排座位作为搞好班级建设的契机，班级发展可能呈现出一派生机勃勃的面貌。

我带的2019级16班，三年来没安排过一次座位，学生坐哪里，谁说了都不算，是制度说了算。按照班级集体议定的原则，班级座位每两周一轮转，分小组整体移动，小组内部按照一定规则自由组合，前后滚动。所以谁也不知道两周后自己会坐在哪里，谁也不会纠结两周后自己会坐在哪里，因为好中差座位人人都会轮到。这个制度有一个妙处，无论座位怎么变，小组的人，始终都在一起。这样有利于小组内部合作，互帮互助，增强小组的凝聚力；有利于小组之间在学习、纪律、劳动等方面展开比赛，增强激励，促进小组进步。小组是班级的细胞，小组发展好了班级整体就好了。小组是依照一定制度原则组建的，小组组建有三个关键：一是事先选好组长，二是成绩配比，三是男女配比。学生加入哪个小组，有自由选择的权力，只要某个小组按一定成绩配比和男女配比不足额，先申请加入者，组长都应无条件接纳组员。这样组建起来的小组，一般说来大家都比较齐心，能服从组长管理，有利于小组整体发展和进步。这样的小组模式、座位编排模式，体现了平等尊重的原则，让每一颗心紧紧凝聚在一起，彼此信任和尊重，大家结成真正的学习共同体。这有助于建设良好的班级生态，有助于建立和睦融洽的师生关系、生生关系，有助于建立"班级是我家"的情感认同，有助于建立"班级优秀我优秀"的班级自信。在这样的班级中，我们看到的师生之间的风景是见面彼此问候，课堂上热烈互动，课余时间像朋友一样真诚交流，即使有不同意见，也能彼此倾听、理性处理，不至于争得面红耳赤。

无论班级管理，还是学科教学，都存在着一个"道"与"术"的问题，"道"与"术"的关系，是我国古代传统哲学思想的精华之一。庄子说：以道驭术，术必成。离道之术，术必衰。何谓"术"，简言之，就是具体、零碎、事务性、技术性的东西。而"道"呢，相对而言，就是大计、根据、战略、规律性的东西。"以人为本"是教育的大道，"立德树人"是教育的灵魂和统帅。

如果忽略或偏离这个道，片面追求分数，追求考试成绩，可能会走向烦琐，被眼前的重重事务所缠绕，云里雾里，终日忙忙碌碌，"以其昏昏，使人昭昭"，怎么可能收获教育的成功和喜悦呢？教者如能做到"以人为本"，关注学生发展，让每一个孩子都能得到平等发展的机会，就能找到自己存在的价值，何愁"不得其道"。回到开头那个问题，"我本将心照明月"，关键是看我们持的是什么"心"，如果是功利心，那就不要抱怨"奈何明月照沟渠"了；如果持的"尊重、关爱、包容"的心，以灵魂去唤醒灵魂，您给了学生飞翔的信念和力量——"我既将心向明月"，那么学生一定会回敬您一生的守望——"明月千里寄相思"。

[**专家点评**]作者在叙事里描述了学校教育中施教者的做法错位，教育无效，无可奈何的现状，何以应对这一局面呢？中华民族传统做法是亦道亦术、以道驭术。教育里面最大的"道"就是学生视角，教师要从学生的角度来感受、思考并最终采用有利于学生成长的教育教学方式与方法，否则必然尴尬甚至碰壁；在此"道"之下，去处理教育教学的日常事务、细枝末节问题，诸如"座位"一事，按照学业成绩排列或按照身高、视力等标准轮换，看似小事一桩，实则涉及学生人格尊严、教育公平等大"道"理。

润物无声

成都石室蜀都中学　胡绍华[*]

冬日已近，爽秋将去，郫都的天空又开始变成灰蒙蒙的一片，教室里不开灯便看不到光明，这样的天气总是压抑着人们的心情。然而今天却是一个难得的好天气。阳光毫不吝啬地把她的余晖铺满蜀都大地，透过墙角发黄的银杏枝叶，发出星星点点光芒。

按照晚自习惯例，我提前几分钟朝教室走去，空旷的走廊显得寂寞而辽阔，所有的学生早已被教室收入肚中。我看见初三的杨老师和刘老师正对着高二年级的班牌低声交谈，杨老师一边用手指着班牌上的照片一边对刘老师说着什么。她们一定是想通过照片来辨认学生，直觉告诉我肯定是发生"大案"了，而且是跨年级的"大案"，不然两位初三的老师绝不会跨级"追捕"到高二来的。我礼貌地和她们打过招呼，径直走进教室，教室一如平常，表面上一片宁静祥和。

晚自习期间，班主任曾老师给我打电话，让我转告古同学和曾同学，不准在下晚自习后去找初三同学的麻烦。果然如我所料，是跨年级的"大案"，我虽然不是班主任，但是今天是我的晚自习，我就要坚守好自己的阵地，于是我把两位同学叫到走廊上，并转告了曾老师的原话。

古同学和曾同学在课堂上的表现都还可以，也没发生什么违纪事件，曾同学上课发言还比较积极。更重要的是，这两位同学都属于"沉默型人才"，你不找他，他绝不会主动找你，尤其是古同学，更是属于只会在沉默中继续沉默的类型。当两个男同学被他们的语文老师——我，叫到走廊上来的时候，一个是"苦瓜脸"，一个是"低头族"。"苦瓜脸"上刻满着桀骜不驯的神情，我对着他说话，他对着墙沉默。"低头族"则低着头默默数着自己的脚指头。多年的教师经验告诉我，这样无关痛痒的教育对学生来说就好比露珠滚过荷叶，晶莹剔透却一定不会留下痕迹。唯有彻底地解决问题，才能断绝后患。终于，曾

---

[*] 教育信条：教育是师生的双向奔赴，成就学生的同时，也在成就教师自己。

同学艰难地数完了自己的脚指头,抬起头来紧张地说:"胡老师,我要解释一下。""你说,我听着呢。"我对他说。听着曾同学的叙述,我大致弄清了整个事件的来龙去脉。原来下午放学后,曾同学和古同学在操场打篮球,两人正玩得起劲儿,突然来了三个初三同学要他们让开场地,他们二人均想,我俩是高二的,断没有给初三的学生让场地的理由,再说那么多人看着呢,高二的学生被初三的学生欺负多没面子,且他们还没玩够呢,于是对那三个初三学生不予理会。初三的学生仗着多一个人,非要抢场地,古同学就来了气,把初三学生的篮球给扔了。初三的学生就很不满,虽然剑拔弩张,但毕竟没有发生打架事件。

当天晚自习,高二两位学生越想越觉得太窝囊,趁晚自习下课就去找初三的学生,估计没有找到,就想放学后在寝室"解决",于是就有了班主任曾老师打电话这件事。

"其实,这哪里算个事呢?"我对曾同学说,"主要还是学校场地太少,90亩的土地上竟然没有两个篮球场的立锥之地。那么,你们打算怎么去解决呢?打一架吗?"我问。"不是,不是,"曾同学连连摇头摆手,"我们只是打算去找初三同学说清楚,然后给他们道歉。"曾同学的情商还挺高,思维还真敏捷,我心里想,不过能有这样的态度已经非常不错了,这也说明咱们的同学是善良的。打铁需趁热,我继续说:"主动道歉,这很好嘛,这说明你们已经开始冷静下来了,能从利弊两方面分析事情了,其实不仅你们这一方有错,他们也有错,甚至是更大的错。中国是礼仪之邦,干什么事情不得有个先来后到。语言攻击有时候比拳头更有杀伤力,再说打架真没意思,杀敌一千自损八百,肉体备受摧残,精神也少不了折磨,万一打不赢呢?"

学生好面子,那就在面子上做文章。打架事小,丢脸事大,抓住学生爱面子的心理深入剖析:"再者,就算赢了,又如何?明天你们的家长就会被艾主任请到学校喝茶,你们也一定会被要求写'命题作文',甚至还会被要求回家反省,闭门思过,家长工作耽搁了,你们学习也耽搁了,你们是读理科的,要学会算账,而且要从有利于自己的方面去算。""那怎么办呢?"古同学问。"你们不是喜欢打篮球吗,我给你们提个方案,既能满足你们打篮球的愿望,又不用请家长到学校做客。关键还有面子。"听我这么说,两位同学顿时来了精神。"明天你们把初三的同学约起,来一场四人篮球赛。"

第二天下午放学,四位同学还有他们的啦啦队早早地来到操场上,他们见我来了,就问:"胡老师,可以开始了吗?"我诡秘地一笑,说道:"你们打算怎么打,想好了吗?""那还用说,我们两个和他们两个单挑,谁输了,谁就给对方道歉。"我心想，这听起来好像还不错，然而根本行不通，赢的一方倒是能够证明自己的实力，宽宏大量大赦天下，可是输了的未必服气，只会让矛盾加深。我说："这不行，这样打显示不出双方高超的水平。"两边的同学都笑了，笑了就好，会笑就证明气消了一半，学生之间的矛盾主要就在于一个"气"字，很多蠢事都是负气的产物。我说："咱们要来一点高难度的，双方队员交叉。初三的两位同学分成两组，一个和曾同学一组，另一个和古同学一组，然后两组比赛。每局五个球，三局两胜，输一局做十个俯卧撑，三局打满，再定胜负。打球过程中对方受伤算己方输，最后的赢家给输家道歉。"四名学生听了我的"高见"，都是一愣，似乎没有见过这种奇思妙招。"怎么，不敢了？"我说，显然这是激将法，他们肯定只能既来之则安之，果然他们开口了："谁不敢，谁是猪。"好吧，那就开始吧。

最后的输赢当然已经无关紧要了，在这个过程中，高二初三两位一组的同学为了赢球只能互相配合，协同作战。虽然赢了球要给对方道歉，但是道歉肯定不能阻止他们内心想赢球的步伐，因为赢球相比于道歉更能给自己带来荣耀，带来精神上的极大满足。赢家给输家道歉，也更有一种居高临下的高贵姿态。三局下来，双方互有输赢，都做了俯卧撑，通过三局比赛，四位同学消耗了大量体力，哪里还有力气去生气。最后赢球一方果然主动给对方道歉而握手言和，并且是带着微笑去道歉，这说明赢球一方早已把那件事抛到九霄云外去了，被道歉一方看到对方那么热情地道歉，自然不好意思只是接受道歉，当然必须有所表示，也大大方方地道歉，这就是我想的游戏规则。学生也都会自觉遵守学生之间的规则。

其实大多数学生都是很天真淳朴的，他们的矛盾都是因为面子，因"气"所致，若不及时疏导，往往会演化成意想不到的蠢事，老师的及时介入正好可以"导气和输气"。如果在这个过程中能巧妙地化解矛盾，那解决问题自然是水到渠成，教育也就自然在润物无声中完成了。

面对学生各种奇葩的表现，很多时候老师会乱了方寸，甚至会情绪失控，酿成事故。其实，只要我们有耐心一点，再耐心一点，一边和学生周旋，一边在心中暗自盘算，实在盘算不出来，就放一放，然后认真思考对策或者向别人请教对策，等到胸有成竹的时候再和学生周旋。在学生面前一定要气定神闲，悠哉游哉，从容应对。另外，教师也一定要清楚，学生毕竟只是学生，他们有时候面对自己的错误也并不知道应该怎么办，其实他们心里特别希望老师能够帮助他们，这时候教师能适时出现并以恰当的方式帮助他们解决问题，他们只会心存感激。但是前提是教师一定要真诚地对待学生，只要学生能够感受到教师是真心对待他们，他们就会心悦诚服地听从意见或建议。教师与学生之间一旦建立起信任关系，教学和教育就会变得相对容易。

[**专家点评**] 一则学校生活中的小插曲被教师巧妙化解了。高二学生与初三学生为争篮球场地而产生的纠纷，纠纷发生在操场上，又延伸到教学区，还波及寝室。看似是小小事件，若处理不当的话，血气方刚的男生可能会酿成大错。好在各方教师及时介入，运用教育智慧化解双方矛盾，举办初高中篮球比赛，化干戈为玉帛，不仅化解了矛盾，还增进了双方的友谊，体现出这位教师的智慧。

以爱浇灌　花自盛开

成都石室蜀都中学　黄晓红[*]

我常常在小事上，在刹那间，通过一个眼神、一个微笑、一番关怀，便与学生架起了心灵沟通的桥梁。

2018年夏天，我担任初一年级7班的班主任。在班里的44个孩子中，学生虽各有不同，我关注得特别多的当属小宇，我们之间也仿佛有某种特别的默契。

小宇是一个幸运的摇号生，普通的家庭，有限的收入，父母学历也不高，家在农村。我们邻舍的小学是比较知名的，小宇的六年时光在那里度过。用小宇的话说，自己的成绩一直都是很困难的，幸而遇到了很好的教师，没有嫌弃过他且尽可能地帮助他，春风化雨，润物无声。小宇的家庭是比较温暖的，外婆的爽朗和妈妈的温和都深深地影响着小宇，让他变得勤劳、懂事、不怕吃苦，又心中有爱。

小学升初中时，小宇再次通过摇号的小木桥，进入了一所他理想中的学校，我也因此与小宇结缘。小宇有大大的眼睛，圆圆的脸蛋，微胖的中等个子，安静少言，总是微微地低头，这是小宇留在我脑海中的样子，他身上有可爱和谦逊的品质。

正式开学前几天是开始军训的日子，写日记是学生每天例行的环节。还记得第一次批改小宇的日记，他写的字歪歪斜斜、大大小小黏在一起，很不美观。句子之间几乎没有标点停顿，短短的三百余字的作文，错别字接近二十个，在全班是极少有的情况。标点，我一个一个地给他描；错别字，我一个一个地给他改。心里有一个声音对我说，这个学生需要我对他给予格外多的爱，要努力帮助他成为一个更优秀的人。我把小宇叫到跟前，语重心长地为他讲解，扎实好他的基本功是当务之急。

接下来，班上开展了推选班委的工作，学生是可以自我推荐的。在学生申

---

[*] 教育信条：倾心育人，以爱先行。愿春风化雨，盼雨后彩虹。

报班委的纸条中，我很欣慰能看到小宇申报了劳动委员的岗位。小宇的优点是显而易见的，而他的进步也让我欣慰。小宇申报了劳动委员一职，这说明他对自己有较清晰的定位，同时也有为班集体做事的意愿，对自己劳动能力的认可，那又何妨让他一试呢？敲定的劳动委员共两人：小宇和小杰。两人共同承担起准备用具、分小组、三检、全程督促的工作。他们有着老黄牛一样的耕作精神，班级卫生几乎没让我操心，小宇、小杰的成果全班有目共睹。我除了询问、指导和抽查工作，也时常在全班同学面前表扬两人吃苦耐劳和无私奉献的精神。一次又一次的雷鸣般的掌声，让小宇在反复的肯定中增长了自信，也增加了他的满足感和存在感，脸上时常挂着腼腆的笑，漾出可爱的小酒窝。

当班委在工作上得到全班的认可非常好。那么，"学困"的小宇如何在学习上也能得到肯定呢？语数外的合计成绩，小宇总是在年级垫底，而语文是最能给他安慰的，作文这块或许可以成为一个突破口。劳动结束之余，我会不厌其烦地说："小宇，语文学习有不明白的地方要大方说出来，让黄老师帮帮你？""小宇，今天学习的内容有消化吗？""小宇，刚才上课的笔记跟上了没有呀？""没学好是吧，没关系，咱们尽可能多学点，能走多远走多远！"

一次考试作文，作文题目是"我的＿＿＿＿爸爸"。小宇选的素材很好，但是从题目到行文，很多地方言辞欠妥，我觉得这是一次交谈的好契机。他随着我到了办公室，询问后才知晓原来他的爸爸长期不在家，在老家照顾生病的爷爷。时间长了，如果家长未察觉到，说话做事方式欠妥，孩子内心有隔阂，各种委屈、埋怨是很容易爆发的，我需要做一点引导工作。

"'我恨你，周××！你是个坏爸爸！'然后小宇痛苦万分，怒吼着夺门而出。"

这是原作中让我印象深刻的一个情景。

"哦，我明白了，爸爸当时并不知道这个礼物的重要性，弄坏了你的乐高也是无意之举。你可以告诉爸爸你的感受，周末回家和爸爸交流沟通一下好吗？还有，如果爸爸给你道了歉，你可以原谅他吗？"小宇有些木讷地点点头。"作文的话，我们尝试来改改，好不好？""好。"小宇静静地看着我，似有触动。

经过几番努力，作文改好了，我在班上读了这篇作文，同学面面相觑，不知道出自谁手。当谜底揭晓，同学对小宇刮目相看，赞叹不已。这一刻的成就是多么难得，多么宝贵啊！我想，这也有助于融化小宇和爸爸之间的坚冰。随后，我给小宇妈妈做了电话沟通，分享了小宇的写作和心情。妈妈说一定会尽力调和家庭关系，尽力弥补小宇缺失的父爱。那次作文之后，小宇更热爱写作了，不久在另一次作文中写到爸爸给自己买了新的乐高，小宇真的原谅爸爸了。我也趁机在同学面前大大表扬了小宇的懂事及写作上的进步，由衷地为他感到高兴。小宇也更加自信地愿意在同学们面前分享自己的作品。爱与欣赏能让每颗种子都发芽，自信的光会让种子憧憬蓝天，茁壮成长。

每逢学校评选环保之星，小宇和小杰都是不二人选，全票通过，同学的肯定从不动摇。不论在初二还是在初三，小宇一直都是踏实、勤快的。还记得，每次有集会活动，如运动会、艺术节、元旦晚会……无论多晚，小宇都会清扫完我们班所在区域的所有垃圾，最后才默默地伴着我离开。我带着他，他伴着我，心心相印的感觉很特别，有如宁静的湖面忽而泛起点点涟漪，一圈又一圈地荡开，美极了。

转眼到了2019年，冬寒已逝，春意愈浓，夏阳迫不及待悄然而至。某日，小宇笑脸盈盈地凑到我跟前来，略带羞涩地说："老师，我在家里养了好些蟹爪兰，已经开了，很漂亮。我可以带一盆来放在讲桌上吗？我会照顾好它的。""哦，是吗？太好了，老师可没有养过这种花，它一定特别漂亮吧。谢谢你，小宇，你好用心啊。"下一周返校后我刚进教室，就看见讲桌上放着一个精致的小花盆，花盆是奶白色陶瓷，上面的图案是可爱的一休哥在闭目思考。绿意盎然的多肉茎杆枝枝林立，密密匝匝，顶端垂下红艳欲滴的繁茂花朵来，探着一颗颗小脑袋。同学纷纷围观，赞叹小宇的养花技术一流，有五体投地之感慨。打那以后，我们都爱上了蟹爪兰。回首往昔，我想说，美丽的蟹爪兰花，你哪里是开在教室里，你分明是开在了大家的心里，美得让人陶醉，美得让人留恋！

再后来，我们征集作文稿，小宇写了一篇题为《我和老爸在乡下》的作文，讲述了自己暑假里和爸爸回乡下捉鱼的快乐经历。小宇的书写自始至终都很工整，标点也十分规范，字里行间流露的真情实感着实动人。

初三毕业，小宇没能上普高，这是意料之中的事，我曾经数次跟小宇设想过此事，所以，当结局来临时，小宇很平静、坦然。"没事，那就读职业高中吧，品行好，有上进心，人生也会很美好的。加油！"小宇最后真的选择了职高。

每个人都可以优秀，只是点面不同而已，而每个点和面都应当得到肯定，得到人们的赞赏，这才是真正有爱的教育。从一个小宇到许许多多的小宇，我所追求的就是尽可能地走近他们、亲近他们、肯定他们，这又何尝不是肯定我自己，并对学生把我视为"小宇"的恩师的感激呢！

小宇，半载已逝，你现在在职业高中一切可好？我写了一首诗送给你。

蟹爪兰

讲台上，不再寂寞
因为有你，美丽的蟹爪兰
硕大的花朵，似成串风铃
趁着盛夏
金色的光，荏苒
优雅着，静默或翩跹
厚重的绿，含情脉脉地绘出，一个个动人的诗篇

夏后，秋去，冬寒
风雨，冷暖，春盼
又逢着，你把笑颜，舒展
哪怕姹紫嫣红，绿黄青蓝
你说，若负年华
空度流年，无欢
你我，皆可绽放
美丽，如蟹爪兰

[**专家点评**]"爱"，是教育的终极密码。教师的职业生涯就是在寻找爱的钥匙。本文的教师细心地发现学生所长，还帮助父子之间疏通心结……而"蟹爪兰"是师生共同浇灌的情谊之花。

成为孩子们心里的那道光

四川省成都市郫都区第四中学　李　霞[*]

11月25日下午，风和日丽。学校在操场举行高中2021级诗歌朗诵比赛。由于学校要求尽可能多人参与，所以每个班都全体上台表演。我们高一全体语文教师作为评委坐在台下第一排。

当高一（8）班的学生上场时，第一排中间的一个男同学引起了大家的注意，这是一个看起来稚气未脱的学生，个子矮小，跟周围的同学在身高上极不相称。若是单独走出去，说他是小学生也是有人信的。只见他神情自若，非常投入地与其他同学一起朗诵。评委老师纷纷问起高一（8）班的语文老师何老师：这个学生学习成绩怎么样，性格怎么样。何老师告诉大家，这个学生成绩还不错，在班上排前五名，平时跟同学的关系也不错。

看着这个个子小小的学生，我想起了刚刚参加工作时带的第一届学生中的一个小朋友。2001年，那时我还在江苏常州溧阳市的一个小镇上任教，当地是北山革命老区，民风较淳朴。刚刚参加工作，学校给我安排了一个算得上是上中等层次的班级，让我担任班主任。教学和班主任工作让刚刚参加工作的我有些左支右绌，幸好有年级主任饶老师的热心帮助，他教给我很多做班主任工作的好办法。正当我在烦冗的班主任工作中积极摸索时，我发现了班上的一个情况：孙同学似乎被班级排斥在外了。孙同学个子较瘦小，身高一米三左右，看起来一副营养不良的样子。班上的同学几乎不叫他大名，都叫他"小孩儿"。孙同学对"小孩儿"这个称呼好似不介意，或者说即使他介意又能怎么样呢，也改变不了自己身材瘦小的事实。

通过一段时间的观察，我发现孙同学平时话很少，除了上课被老师抽问会起来作简略回答之外，他很少与同班同学交谈。下课了总是一个人在座位上看看书、发发呆，上卫生间也是独行。我几次到学生食堂去巡查，都看见他坐在角落独自吃饭。我走近一看，餐盘里只有一两样最便宜的素菜。怪不得他营养

---

[*] 教育信条：以爱以诚，栽培生命。

不良，长不高啊。我问他为什么不打一点荤菜，他腼腆地一笑，说不喜欢吃肉，然后沉默了一下又说就算想吃肉也没钱啊。我对他的话将信将疑，按理说长身体阶段的孩子食量大，营养要求高，不应该有偏食或挑食的坏习惯，即使有，父母难道不管吗？再说，苏南农村，就是普通家庭也不至于吃不起肉啊。

我找了班上性格好的班干部谈话，让他们主动去找孙同学玩耍，多和他交流。过了一段时间，班干部说他还是不怎么愿意理睬别人，照样独来独往，性格孤僻。

不久，半期考试成绩下来了，孙同学的成绩在班上最后几名。我察觉到事情的严重性，必须找孙同学好好谈谈了。于是我们在办公室里谈了一个下午。一开始我义正词严地批评他，说："你是全家唯一的希望，怎么能自暴自弃，不求上进呢？"他低着头不说话，过了一会儿说："对不起老师，我让你失望了。"我问他是不是有什么难处，他犹豫了一下，对我说："老师，我家里还有两个妹妹，妈妈身体不好常年吃药，爸爸一个人打工养家。我觉得我真没用，帮不上什么忙。"我听了之后非常震惊。孙同学的家庭情况超出了我的想象。听他讲述后才知道一些内情。孙同学一家就是江苏农村的一个普通农民家庭，本来生活条件也还过得去，但是孙同学的父母心地善良，有一次早上打开门发现家门口有一个弃婴，打听一圈也没有人认领，就抱回家自己抚养了。没想到过了两年，可能有人觉得这户人家很善良，又放了一个弃婴在他家门口。这样，原本只有一个男孩的普通家庭，因为两个妹妹的到来变得拮据起来，再加上孙同学的妈妈有慢性病，需要长期服药，这样家里经济状况就更加糟糕了。

了解到这样的情况之后，我便时不时地关注孙同学，鼓励他上课积极回答问题，下课后和同学多在一起玩耍。班里的助学金开始分配了，我找到孙同学，让他申请助学金，他觉得难为情，怕别的同学看不起他。我说："这不是大家看你家困难施舍给你的，你要靠努力自己去争取。只要是靠自己的努力、勤奋获得助学金，就没有人会看不起你。"听完他说要试一试。

这之后，孙同学的学习态度发生了很大的变化，上课认真听讲，有不懂的问题也愿意问科任教师和同学了。就这样，他的学习成绩慢慢有了起色，先是考到班级中游，到了高一下学期他的成绩已经排到班上前十名左右了。这样，每年助学金我都会优先考虑给他，他也觉得这是自己通过努力换来的，并不会觉得有什么丢人的。随着学习成绩的提升，他变得自信了许多，性格也开朗了不少，在班上有了一两个关系好的同学。

那时候我还住在校园单身老师宿舍里。有一天，孙同学的爸爸到学校拜访我，给我带了一条当地知名的香烟"红南京"，说是要感谢我这么久以来对他儿子的照顾。这是一个中等个子老实巴交的农民，他希望能用他认为的最贵重的礼物来表达他的谢意。我说："不用了，你的心意我收到了，作为班主任，做这些是应该的。"后来，孙爸爸时不时会让他儿子带来一些红薯之类的土特产，我拒绝不了就只好收下了，然后买一些学习用具或者书籍回赠给孙同学。到高考前，孙同学由于家庭经济条件的原因，报考了一所定向委培的学校，虽然学校不是什么知名大学，但是不用愁学费，毕业出来工作也能有着落。我想这也许是最适合他的选择了。

一转眼二十年过去了，每当我看到学校里个子瘦小的男同学，就不禁会想起孙同学的故事。教过的学生一届又一届，社会环境也悄然发生着变化。现在也许很难找到像孙爸爸那样单纯又善良的人了吧，为了捡来的孩子让亲生孩子受委屈。也许，在孙同学的人生中，我只是一个匆匆的过客。但是，我希望，在他最需要帮助的时候，曾经有一位老师给了他一丝温暖和关爱，让他渡过那个时期。

如今，物质生活的富裕并不能让现在学生的问题消失不见。相反，社会大环境又给当代人带来了很多新烦恼，比如离异单亲家庭、游戏成瘾厌学、心理压力大抑郁等。老师是除了父母之外与孩子相处时间最多的人，尤其是语文老师，更可能是最了解学生心理状态的人。

记得我在教 2016 级 7 班的时候，班上一个钟同学有一次在周记里写到他的烦恼。他说他的爸爸妈妈早就离婚了，他归爸爸抚养，妈妈另外组成了家庭。他有时候很想妈妈，但是爷爷奶奶不允许他去看望妈妈，让他长期缺乏母爱。他说他最近喜欢班上的唐同学，不敢去表白，觉得父母的婚姻影响了他对爱情和婚姻的看法。我找到他谈话，对他说："大人的事情我们不评价，也无力改变那些既成事实。但是我们要有正确的爱情观和婚姻观，要从他们的事情中吸取教训，不能让他们的做法影响你的人生。毕竟，你的人生是你自己的，既然已经知道有些做法是错的，就不能让历史重演。另外，我劝他不要轻易去向唐同学表白，因为你们两个成绩都还不错，现在正是为了学业努力的时候，谈恋爱多少会分心，等以后上大学了再说。"他听从了我的话，安安心心地学习，后来考上了一所不错的大学。

在特定阶段，教师陪伴学生的时间甚至比家长与孩子的相处时间还要长。那么，除了家庭教育，对孩子影响最大的人应该是老师了。教师的一言一行会对学生起到潜移默化的影响，因此，作为一位教师我们就需要本着关爱每一位学生的态度，帮助学生树立正确的世界观、价值观、人生观，对特殊群体的学生给予更多的关爱。

虽然一名教师不能解决所有问题，但是教师可以做学生心里的一道光。那道光应该为学生指明方向，带去温暖。

为了成为学生心里的那道光，我认为教师自己应该是幸福乐观而又积极进取的。只要这样，学生才会在你身上找到模仿的目标。另外，在课堂教学中，应充分发掘教育资源，让学生在先哲与经典中汲取精神力量。再者，要形成多种师生沟通渠道，比如周记或面对面谈心等。教师应及时了解学生的真实心理和困惑。在特殊情况下，教师还需要与家长取得联系，甚至与学校的心理咨询老师交流，共同找到解决问题的办法。

也许在那些成绩优秀的学生心中，他能记住的是教师教给他的知识和方法，而在那些需要特殊关爱的学生心目中，教师的每一次善意关心，都是他终生难忘的光。愿我们成为一个温暖的人，一个内心强大的人，一个温柔又有耐心的人，成为学生心里的那道光。

[专家点评] 这位教师有善于发现问题学生和学生问题的职业眼光，又能有效引导学生解决问题。这样的职业眼光很大程度上来自教师在日常生活中不断的自我修炼。

怀揣月亮的男孩

四川省双流中学　刘小芳[*]

第一次见到西绕朗加是新生报名的时候，那时他身边还有西绕江村。"老师，报一下名。"说话的是西绕江村。"好的，请本人填一下这个信息表。"我一边说一边往四周看，周围没有其他学生了，我困惑了，于是对二人的情况进行了问询。

"我们是来读书的，老师。""你们来读书?!"我一怔，眼前这两个高大壮实、满脸古铜色的人将是我的学生?

"是的老师，我们是从西藏来的。"说着西绕江村递给我一张纸条，这张纸条是彭主任写的，他们俩是从西藏来的散插生，我这才确信没有出错，通过信息表我才知道西绕江村是18岁，西绕朗加是17岁。

"有你们在，我就放心了，你们俩是大哥哥，班上的安全委员就让你们担当哈。"我站起身来拍拍俩小伙子说，"以后我就叫你们'西江'和'朗加'好吗?""好的，老师。"两位都笑了。只是那笑在一直没说话的朗加脸上转瞬即逝，原来高原的阳光只是过早地催熟了他们的皮肤。这是我第一次见到西绕朗加眼里细微的波澜。

"这两天，你们感觉怎么样?"我从众多杂事中抽出身来找他们两人单独交流已是入学后的第三天了，当时他们都不说话，两人仿佛有些紧张。"有很多不习惯的地方吧?"我放松声音，替他们回答。"是的，老师。"西江说，朗加却一直低着头。"你们最大的困难是什么? 跟我说说好吗?"我看着朗加问，他终于说话了，表情有点激动，脸上的高原红似乎在漂移。我一句话都听不清楚，西江帮着翻译："饭吃不好，话听不懂，觉也睡不好。"

"饭吃不好，话听不懂我能理解，觉睡不好，是想爸爸妈妈了?"朗加使劲摇摇头说了一句，还是西江帮着翻译："每天晚上都看不到星星和月亮。"听到这里，我一怔，第一次理解星星、月亮与睡眠的亲密关系，我也才意识到朗加

---

[*] 教育信条：教育能唤醒师生内心深处的爱意。

96

他俩不仅是生活上的不适，更是精神上的不适！

朗加一会儿擦擦眼睛一会儿擦擦鼻涕。后来我才明白，他那是在哭！在那本是古铜色的脸上，当时我竟未看出他那是在哭。

后来我才知道，他们本打算不辞而别，而离开的火苗在开学前抵达四川的第二天就燃旺了。"既然已经来了，就当旅游，体验一下生活好不好？"看着去意已决的他们，我慢慢引导，"就试一个月？"朗加不说话，我看着西江。"太久了，老师。""那，两周？"……"一周，就一周。"为了我，他们终于答应留下来努力试一试。试过一周后，被我劝说再试一周，再一个月……直到说服他们不再说离开。

原来朗加的汉语只学习了一年，他听说读写都很困难，更别说流畅地与人对话。我就利用零星时间指导朗加读书，他声音很小，我就用手机录下来，让他听自己的声音。我鼓励朗加尽量放开嗓子，读出声音，他也很努力。一天早上，他静静地坐在那里。"怎么了，不读书？"我轻轻问。"痛。""痛？"我听清楚后问他，"哪里痛？""脸痛、嘴痛，老师。"我再一次怔住。

原来，朗加生活的地方很偏远，很少与人交流，唇部、舌头、脸部肌肉都很少使用，读起书来会感觉疼！我便自编了一套面部操，既活动面部，又能打开口腔，让他自己天天练习。晨读的时候我们就在走廊上诵读，我把他朗读的声音录下来让他自己感受，又对比标准的课文朗读，使他突破自己的音准大关；要识字，必须学会拼音，为了让朗加快速理解汉语拼音，我让他先教我藏语的发音规律，在这个过程中突破读与说是一个艰难的过程，我抓住一切机会让朗加开口说话。

在那学期的中秋节晚上，我营造氛围让全班同学分别表达对亲人的思念。"朗加，你想念爸爸妈妈吗？""想。""你愿意到台上来分享一下你的感受吗？"朗加上了讲台后，却一句话都说不出来。

"你就说，'爸爸妈妈我想你们'吧！"我用眼神鼓励他。他还是开不了口。"这样，我用汉语说，你用藏语说，好吗？"朗加有些羞涩地点点头。

"爸爸妈妈我想你们！""爸爸妈妈我想你们！"

我用汉语说着、喊着，一声高过一声，朗加用藏语也一声高过一声。教室里全场肃然，似乎在接受一场成长的仪式。

对朗加来说，更难的是汉语的语意理解和语言连贯题，他不懂语法，也不理解句子之间的内在联系。我利用一切零星时间，帮他攻克最难的语法关。朗加学习十分刻苦，几乎用上所有时间。下课了在学，放学了在学，周末也在学。别的散插生都笑他傻，因为他们的成绩就算很一般也可以上一所重点大学。

但朗加全家靠政府扶持生活，身为长子，还有六个弟弟妹妹。他要学得真本领改变命运，他要自立自强。那里没有电，没有河流，唯一的水源是一棵老柏树下的一眼泉。我不能想象他们生活的艰辛与不易。他说得那么平静，仿佛赶到一公里外去背水，是天经地义的事。我想组织班上同学捐助他，朗加拒绝了，他说他要像其他人一样学习、生活。班上同学帮助他，是变着花样的，不让朗加觉得有负担。

高三的时候，朗加的父亲生病到四川治疗，我和同学力所能及地提供了帮助，朗加父亲写来感谢信，是用藏语写的。朗加念给我听，当我听到"到四川吃到了最好吃的米饭，很软……"我没忍住，泪水涌了出来。

天道酬勤，朗加的成绩稳步上升，语文也渐渐出色，在2016年4月举行的创新作文大赛中，荣获了省级二等奖！

"不可能，老师！""老师，我再看看。""老师，有证书吧？"

那天，朗加喜极而泣！在班上，朗加以自己优良的品德赢得大家的喜爱，班里每个月的榜样人物，他都能被选中。

在美德少年的申报材料中，我才知道朗加把我形容为月亮。我暗暗下定决心，必须让自己更柔、更亮、更加美好，才配得上"月亮"这个比喻。2017年毕业，朗加如愿以偿地考上大学。

朗加要从尼龙村到东坝乡，从东坝乡到左贡县，再从左贡县到昌都市，搭乘公共汽车三天后到达拉萨，然后才能到达四川，这份跨越千山万水的情义，让我再次感受到一颗真挚而热烈的心。后来朗加给我报喜讯，说工作落实在昌都市国家电网。他终于成长为自己头上的月亮，既照亮了自己，又照亮了亲人。

[专家点评] 对来自特殊地域的藏族学生，从生活小事上关注他，从语文学习上辅导，与远离家乡的学生共同渡过生活、课业、意志、心灵等一道道难关，最终，这位教师让自己成了学生心中的"月亮"，这样的教师是纯粹且真诚的。

引导学生树立正确的爱情观

四川省成都市郫都区第一中学　蒲儒刓[*]

帮助男女学生处理对异性的情感是高中教师特别是班主任的一件大事。我曾见过很多品学兼优的学生因未能处理好对异性的情感问题而失去大好前程，深为痛心。我意欲探讨如何帮助高中生处理好对异性的情感问题，使他们树立正确的爱情观，正确认知爱与被爱。

爱不需要理由。亲情、友情、爱情等各种关系中都显示出爱的普遍存在，可以这样说，没有爱，人就没有存在的理由；没有爱，人世间就会黯淡无光。

塞利格曼在《真实的幸福》中写道：爱之所以是最真实的人性，在于它最不可或缺，人们可以无财富、无知识、无健康，但不可以无"爱"，因为人若无爱，那么生命虽然犹在，生活却无意义、无价值！[①] 塞利格曼在《真实的幸福》中还写道："爱"是积极的人格特质之一。"爱"是积极情绪体验中的皇冠，即为积极的情绪体验中的一种。消极体验（负情绪）：憎恨、悲哀、冷漠等，它给人一种恐惧、焦虑、孤独等感受；积极体验（正情绪）：爱悦、惊奇、欲望、欢乐等，它给人一种满足、幸福、希望等感受。[②] 爱是给予或流淌，如同河流一般；被爱是接纳或吸收，如同海绵一般。二者合而为一才能构成"爱的回音壁"。

教育事业是十分需要爱的行业。我以前的学生，虽然他们在各地求学，但我们靠"深度好群"（我们的师生微信群）保持着密切联系，节假日只要有时间，我们一定会面叙情谊。我和这几位学生能有这么深厚的感情，大抵是因为曾经的翻译活动。高中 2007 届等若干届毕业生，很多学生与我保持着联系，特别是当他们到了人生重大节点，如结婚的时候一定会邀请我参加。到目前为止已有超过二十多位学生邀请我参加他们的婚礼，其中有十几位学生邀请我为他们证婚，见证他们人生的高光时刻！个中缘由不可以简单归因为他们升学时

---

[*] 教育信条：诚于道，工于思，精于业，笃于行。
[①] 塞格利曼. 真实的幸福［M］. 洪兰，译. 沈阳：万卷出版公司，2010：3-18.
[②] 塞格利曼. 真实的幸福［M］. 洪兰，译. 沈阳：万卷出版公司，2010：19-68.

有我的付出，好多学生铭记于心的是在我们共处时光中，我对他们生活中方方面面所给予的关注。

有一次年级考试监考时，大概是2016年期末考试期间，我在过道上偶然发现了一个小纸片，上面写着两行字，"万般皆是命，半点不由人"，字写得工工整整，但是这个不知名的学生遭遇了什么事情才会吐露出如此令人心疼的情绪。当时我看着这个纸片，犹如被重重一击，这位学生是谁，他或她为何说这样的话，后面会有什么结局？这些我都不知道，但可以确定的是，他或她是无助无力的——甚至是麻木的，是缺乏关爱的。

按照积极心理学的说法，有爱才会有安全感和幸福感；反之，长期无安全感就可能会导致抑郁。塞利格曼的《真实的幸福》还告诉我们，"爱"是人的各类优势的中心，智慧、勇气、仁慈、正义、节制、精神超越等都指向"爱"。[①]"爱"可以具体展开为两大维度。"爱"的时间维度：对过去，过去的就让它过去（感恩和宽容）；对现在，抓住现在的幸福（愉悦和满意，心流）；对将来，未来不全像你想象（乐观和希望）。"爱"的理性维度：对过去，真诚面对，评估过往；对现在，反习惯化，品位与正念；对将来，与自己争辩，用证据反驳。[②] 教师在处理高中生的感情问题时要"将心比心"，关注对方的感受。《真实的幸福》一书提及的"爱"这一词汇和《教学勇气》一书提及的"认同"一词，都在引导读者去"爱"和"认同"自己，引导自身认同与爱自己，明白自己的需求，尊重自己的需求。反思当下中国教育，有多少教师在自我认同中处于"爱"的状态中？换句话说，设法解决教师和学生的自我认同问题，是解决目前教育诸多痼疾的关键。

在理论上大家已经认识到爱是深沉的，是要有接纳彼此缺点的能力的。但如何引导学生理解这些，是需要教师的智慧的。我对于高中生对异性的情感问题的认识，也是经历了一个由拒绝到理解但不认同的过程。用我自己的话说就是：谈爱情，不谈恋爱。这句话表明了我对待高中学生对异性情感的基本原则和态度，就是不避讳在高中阶段男女异性情感的可能发生和存在的基本事实。教师应积极引导他们通过对彼此的好感努力学习，认清未来发展道路，积极规划人生发展方向，促进双方顺利完成高中学业目标。

我利用所带班级语文学科及班会课引导，或通过学科教学渗透正确的恋爱观——高中必修和选修教材中有大量爱情题材诗文，是教育爱情观的好机会，

---

① 塞格利曼. 真实的幸福[M]. 洪兰, 译. 北京：万卷出版公司, 2010：141.
② 塞格利曼. 真实的幸福[M]. 洪兰, 译. 北京：万卷出版公司, 2010：69—128.

如《诗经·卫风·氓》《诗经·邶风·静女》《孔雀东南飞》《伤逝》《少年怀特之烦恼》等海量素材，既能让学生感受爱情的美好，也能使他们理性认知爱情、爱情要受理智控制、爱情中还包含责任、爱情中男女有别、爱情不同于婚姻，等等。

我还通过主题班会和与涉事男女生个别谈话、给他们写信等方式有重点地聚焦问题，寻求解决学生人生大事上"点"的突破。下面这封信，就是我向学生宣传正确爱情观的一次尝试。

写给纠结于异性情感的高中孩子

纠结中的孩子：

首先，我想我要推测一下，这"纠结"中的您，是被动的呢，还是主动的呢？还是互有好感呢？……

不论哪种情形，我想告诉您的是：进入您生活的不仅仅是一棵美丽的花儿，这朵花美则美矣，有时一眨眼就可能瞬间消失。

回想我31年的教书生涯，先后带了9届高中班，看到很多学生因一个美好的念头而修炼双方的心智且得了一个好结果，也有人因此而错失了美好的人生。

但要让这朵花开得好，开得长，就需要两个人悉心照顾。但处于高中阶段的学生照顾自己还成问题，要先独立，培养自身能力，才能照顾好这朵爱情之花。因此，孩子，让我们动手去做些"富土开疆"的事儿吧。

这句话当然是一个形象的说法了，直白地说，"富土"，就是要厚积自己的学业功底和人生修养内涵，让自己在高中各阶段取得令人满意的业绩，个人修养赢得老师、同学、亲人等周边人士的认可，获得好的口碑。"开疆"，意即以自己的学业和修养为基础，为将来有更多的选择打好基础，多培养自身能力……

以厚实的德才作底气，人生的半径才能越画越大，其实既是在不断拓展自己的生活天地，更是在不断建造自己的"爱情花园"。因为，从你们18岁左右上大学到25岁的七八年时间，收获学业，成熟心智，您会发现，高中阶段大家真是很青涩、很狭隘，现在每走一步，满眼花海，馨香四溢，越往前走，感觉越好……

我的学生中有高中时互有好感，甚至怦然心动，后来成为爱侣的情况，也有在读本科、研究生甚至博士时，最终遇到属于自己的爱情之花的人。简单讲个例子吧，2007届我带的班上有一男生和一女生，成绩居班中上等。大约是在高二下学期至高三上学期，他们之间彼此有了好感觉。

我发现后就对女生做了一两次委婉提醒；也及时联系家长，告知他们多关注孩子内心，但又不直接制止他们的行为。高三下学期双方学习又恢复到了紧张状态直到高考结束，一个人考上四川大学，一个人以离重点线1分之差去了成都地区最好的二本。学业根基有了，爱情的花儿适时开放，经过二人四年共同浇灌，终于在他们一个走上工作岗位、一个保送读研确定后，他们才正式成为情侣。

高中的孩子们，听完这些爱的故事，学业、事业、功底、修养与异性之爱，我们应如何拿捏，是不是很清楚了呢？所谓用"富土开疆"的办法照顾爱情之花，去学习去锻炼自己的能力，是不是可信、有效，我想您的心里一定有了些底。

请您记住：心相向，身相离，锁住美丽在一隅，忙学业，砺心智，待时节，收获成功，打开爱之门，惊喜在眼底！

爱情需要观察，需要等待，更需要理性的营构。走好自己的学业之路、人生之道吧，它是您的爱情之基之"富土"，在这道路的某个适时的"拐角"处，定有令您心花怒放、目不暇接的玫瑰花园！定有您心仪的花朵！

您的大朋友：蒲儒刬
2012年3月26日

家长与教师都要保持理智，根据青春期高中生身心特点、家校教育具体情况及现实社会环境为他们提供建议。

[专家点评] 异性情感是中学教育的一个永恒话题和难题。如何破解？本叙事作者主张在"爱情"与"恋爱"之间做出区分，进而主张谈爱情而不谈恋爱，即不回避异性情感这个话题，并利用有关学科教学资源探讨并引导学生树立正确的爱情观，引导他们建立正确的世界观、人生观、价值观，看着他们结出美好的花之果实，这也是家长与教师共同的愿景。希望本文能对需要处理这些问题的年轻教师、家长、学生提供一个更好的解决方法及思路。

教育应立足于学生未来的发展
——与拔尖学生交流带来的启示
四川省成都市郫都区第一中学　任萍华[*]

教师应唤醒青年为争取更美好的明天而自我发现、自我发展的自觉意识，应发现和尊重学习者生命深处的独特精神基因，顺应每个生命发展的本能，使之合法合理地获得存在的理由和开发的契机。

8月31号，又迎来了新一届学生，我心中满是欣喜、憧憬和猜测。8点，学生陆续到达教室，有活泼可爱问东问西的，有羞涩内向暗暗观察的，有遇见熟人谈笑风生的，也有特立独行坐着不动声色的。最后一个到教室的是大飞同学，他是帅气、阳光和气质型青春男孩，在人群中特别显眼。15岁的年龄，扑面而来的青春之风，令人愉悦、舒畅，仿佛自己也跟着年轻了不少。

按照惯例，晚自习要开展新生自我介绍、竞选课代表及班委干部活动。大部分学生经过小学、初中的锻炼，上台都比较大方，富有个性。轮到了大飞同学，他178厘米的高个，引得很多女同学小声议论，这并未引起大飞同学的任何不适。大飞同学不紧不慢地走上讲台，手里拿着一本发黄且破烂的字典，说："我在初中并没有太多的爱好，唯一的爱好就是翻字典，我自认为是行走的字典，如果大家以后有不认识的字，问我就可以，我也特别想竞选语文课代表……"

高一的活动丰富多彩，辩论赛能让学生认识到唇枪舌剑背后思想的力量和逻辑的重要，演讲比赛能让学生明白公众表达的重要性，诗歌朗诵能让学生善于表达细腻的情感。这些活动总少不了大飞同学的参与，他思维活跃且阅读面广，爱思考又喜深究，是这几年我遇见的少有的综合素质极佳的学生，在各种活动中都表现得特别突出。

---

[*] 教育信条：力求以语文核心素养为教学基点，以学生的终身发展为导向，学习最前沿的教育教学理论。

大飞同学在语文课堂中更是表现精彩，我作为语文老师上课特别兴奋与快乐，师生之间经常碰撞出思想火花，每一次讨论总能收获惊喜。大飞同学独特的视角和深刻的见解，尤其令人难掩欣赏之情。在高一分文理的时候，得知大飞同学要学文科，留在自己的班，我很是欣慰。

到了高一下学期时，大飞同学开始有了变化，常常评论社会，而且动不动就抱怨当前的教育体制，开始奉行"读书无用论"，好走极端，言辞犀利。我跟他交流了几次，劝他以学业为重，不要荒废了大好时光，但是他变化不大。到了高二上学期，大飞同学变化更大，上课常打瞌睡、讲话、眼神飘忽，神情充满不屑，成绩退步明显。他的表现令我百思不得其解，曾经品学兼优的学生怎么就一步步走向了差生的行列？平时各科教师都给予了他最大限度地鼓励与关心，怎么会有这么大的反差？

在一段时间的学习研究后，我发现教师首先应自觉寻求内心的觉醒，在内力与外力的共同作用下，不断拓宽视野，更新教育思想，才能培养出适应当下环境的人才。

大飞同学让我意识到我的培养目标应从应试视角向素质视角转变，我应该首先摆脱唯分数论的观点，摒弃"急用先学，立竿见影"的功利思想，真正激发学生的热情和创造力，培养学生终身学习的能力。真正实现以学生为本，着眼于整体发展、长远发展和素质提升，着力于培养学生的观察力、思考力、研究力及批判精神，保护学生的赤子之心，让学生眼中有他人，心中有爱，与大家和谐相处。

教育应该培养具有精深的专业造诣、强烈的社会责任感及勇于批判和变革的人才。让这些经过层层挑选的人才具有责任感、批判精神和变革的勇气，热爱整个人类，能够与他人、自然和谐相处，具有广博的胸怀。这需要老师的引领，需要老师意识到自己肩负的责任和使命。

在转变了教学理念之后，我开始采用不同于以往的交流模式，把做思想工作的地点由办公室改为操场，在与学生散步闲聊中找到问题的症结所在。在与大飞同学交流时，他说自己对于目前高中阶段提到的目标、计划非常反感，也找不到努力的方向，他认为一切都是虚妄的，寻找不到人生的意义，非常迷茫。同时他反复提及在当前的生活中，最接受不了充斥着太多欺骗与黑暗的现实，也看不惯不公平的现象，特别讨厌被束缚、被控制，他渴望自由与放松的生活。

大飞同学存在的问题应该是学生群体中比较典型且普遍的，应试教育促使家庭教育与学校教育注重智育的发展，忽视其他方面能力的发展。学生从小到大，最重要的事情就是学习、做题，家长较少关注学生的兴趣爱好、心理健康和人生目标。长此以往，不利于培养身心健康的学生。

在这样的理念下，我在与他的交流中，尽量谈他喜欢的话题。在交流中发现他喜欢历史与哲学，但是阅读的范围仅限于自己喜欢的朝代与人物，甚至下意识阅读最有争议的历史故事，阅读视野狭窄导致其思想偏激。而且他乐此不疲，偏好搜集当下社会中的负面新闻，再加上年轻群体好分享的性格特征，大家相互影响以至于陷入不可自拔的境地。

针对他的情况，我和他一起梳理每个朝代的更替，分析他最喜欢的人物生活的时代，总结中国几千年变化，在文明推演中的些许倒退，帮助他比较全面且客观地认识这个世界，特别引导他权衡科举考试与当下高考的利弊，客观认识高考的公平性，使他意识到自己的思想误区。同时，肯定他所拥有的批判性思维，但让他认清所有的批判是要建立在公共常识的基础上的，而不是有了一知半解的知识或理论就开始发泄情绪，通过这种方式帮助他找到自己的方向。在我们的交流中，我试图引导他意识到既然他认为很多事物都是虚妄的，那么在自己足够渊博的时候，也可以建构自己的思想体系，去引领、影响其他人。他慢慢恢复了平静，好像找到了解决的方法。

在这短短的几个月中，这样的交流一共进行了五次。高二下学期，明显感觉他上课积极回答问题，也积极参与班级的各类活动，积极阳光、充满自信的他又回来了。高二下学期期中考试考到了全校第一名，他的转变让我深感教师教育智慧的重要性。

现在他已经毕业啦，在高考中一举夺得全区文科状元。拿到通知书的时候他欣喜地来看望我，我能感受到他的喜悦；到了大学，他给我发了一张他在大学校门口拍的照片，激动地告诉我他参加了辩论社，和一群志同道合的同学一起学习，感觉动力足、内心充实，每天的阅读量都非常大，基本没有休息的时间。

他总在跨年的零点准时送来祝福，来自远方人的惦记与祝福，这才是真正的幸福！他也让我重新审视自己，改变了教育理念，逐渐有了大局观，能从整体出发拓展学生的思维空间，眼中除了有考试还有远方；在大的方向确定后，逐渐改变教学中的单一性，脑中有学科更有"启思导疑"的大智慧；有了智慧还得有改进生命的教育，我们面对的是鲜活的生命个体，心中既要有规矩又要有爱心。

[**专家点评**] 培养"拔尖学生"是基础教育的重要话题，这不仅涉及学生的未来发展，还与国家发展前景密切相关。这位教师因一位"拔尖学生"的退步反思了自己的教育观念，在关怀学生的同时，打开了思路，开阔了视野，思虑较长远。在具体操作上，教师从引导学生内心觉醒、高阶思维培养、素质涵养、追问人生意义等方面入手，将其定位于师生共同成长，可谓智慧之举。

一朵花开

成都石室蜀都中学　谭　艳[*]

小范同学

　　教育如同呵护一朵花，需要教师的耐心与爱心，在漫长的岁月里，等待着那朵花盛开。

　　那是一个开学季，细雨绵绵，学生在冒雨军训，站军姿，整军容，一个个挺拔得像棵白杨树，这让我十分感慨。在这一群军训的学生里面，我注意到了小范同学。他是一个腼腆内向的孩子，有着一身清冷孤高的气质，上课的时候他不动声色地听，下课的时候一个人默默地学。他似乎没有什么朋友，课间的追逐打闹也从未见过他的身影。他在军训的队伍里面无表情地站着，没有一点存在感。

　　我想找他聊聊，可是并没有合适的时机。我想，不急于一时，这朵清冷的花儿总是要开放的，我可以慢慢等。在一个细雨朦胧的下午，我在教室里看见他。学生都在军训场上挥洒着汗水，他一个人静静地在教室里坐着，看起来眉头紧锁，状态不佳。我凑上前去细细询问："怎么了，小范？"他脸色苍白地回答了我一声，声音嘶哑无力，看这样子像是病了。我连忙为他撑起一把伞，一路把他护送到校医那里。好在他只是感冒，略略有点低烧，并无大碍。校医叮嘱他按时吃药，多添些衣物后，我便放心离开了。

　　也许，敲开一个人的心房，打动学生的瞬间，就是那么一个细节，或者老师一句知心的话语，我没想到就这么一个细节，就让我获得了进入他的世界的资格。开学后的一天早晨，我开始批阅学生的随笔。翻开那充满清香的周记本，我突然和这样的字句邂逅："谭老师，记得你为我撑伞的场景，让我感觉到十分温暖。小时候，我的世界是孤独的，父母不懂我的世界。"我心里也颇为欣喜，万万没想到，不过是随手撑了一次伞，竟然带给他这样多的感动。小

---

[*] 教育信条：以情悟情，将心契心。

范写到，他的父母常年在外经商，和他的交流很少，偶尔交流也没有什么共同语言。我这才知道，原来小范的"高冷"实际上是出于孤独。小范很早熟，他很早就看过很多关于心理学方面的书籍，对人和事的认知都有着不同于平常学生的深度，很少有人能够与他交流，他也不愿意和其他同学有过多无意义的交流。

这样的孤高和封闭显然不利于他和同学交往，经常有同学和我抱怨，小范同学高冷得不可接近，只追求学习成绩，让大家觉得他又孤傲又自私。我沉默了半晌，心里想着解决办法。小范同学之前告诉我，他的目标是清华美院，于是在一次黑板报活动中，我请他动笔画一幅画。他很苦恼，表示毫无兴趣，也无自信。他说他已经好久没有画画了，况且在他初中的时候，板报内容总是流于俗气，他不想和班上同学瞎混瞎闹，一直拒绝这项工作。我想让他从细碎的工作做起，慢慢改变和其他同学的关系，增加他的集体感，于是又试着沟通了一次，最后他终于答应了。黑板报画得特别好，其他同学交口称赞，他开始慢慢有了佩服他才华的小粉丝。

那一次也许就是改变的开始。我们的教育其实就是一棵树摇动另一棵树，一片云推动另一片云，一个灵魂唤醒另一个灵魂。随后，学校运动会如期而至，班上的同学都认领了自己的任务，要么是参加项目，要么是搞好后勤服务，只有小范同学什么任务也不愿承担。班委气急，跑过来向我反映情况。我找了个课间，把小范同学叫到办公室，他应该已经猜到是为什么事情，提前准备好了一张冷漠的脸等待着我。我先没有提运动会的事情，和他漫无边际地聊了几句，顺带说了句："上次的画似乎很好看嘛。"气氛也慢慢舒缓了起来，小范同学这时候才解释，上次他画黑板报的时候，班委并不知道，这次运动会认领任务时，班委很不满地说他上次办黑板报时掉链子，他觉得很难过，就没有主动参加项目。

因为被误会而拒绝报参赛项目，那就说明如果没有特殊情况，还是愿意参加集体活动的，这表明他有进步了。于是，在运动会开幕表演的节目上我让小范同学当了主唱，他居然没怎么拒绝，一口答应了下来。他的歌声很好听，最终节目的表演效果非常好。这次事件之后，慢慢地，他和同学之间的交往变多了，很多同学其实也很羡慕他的才华，心中很佩服他。

这朵高冷的花儿开始慢慢绽放，我能看到他在一点点进步，他成绩越来越好，和其他同学的关系也能基本维持。后来，小范成了班里学习方面的佼佼者，成绩也经常进入年级前十。在分班的时候，由于成绩突出，他离开了原来的班级，去了实验班。我没有想到的是，小范偶尔还会回来和我诉说新班级的学习和生活情况，我能感受到他的挣扎、彷徨与不适。于是我一直鼓励他，告诉他，人要有挑战自我的勇气。渐渐地，小范的背影变得匆忙与沉重，不过他的目光却一直很坚定。后来，他以优异的高考成绩顺利进入了理想的大学，给他的高中生活画上了一个比较圆满的句号。

小颜同学

和小范性格截然不同的小颜同学，性格活泼，甚至有些张狂。那是我来学校任职的第一年，从云南丽江山区回到平原教书，刚开始还有点忐忑和紧张。高原孩子的纯朴善良和我的纯粹自然契合！恰好我的个性大大咧咧而又内敛。而小颜同学是从市里过来就读的，满身的城市气息，甚至有些高傲。

有一次上课时，我还没走进教室，就已经能感受里面的战火纷飞，就为了扫地值日这件小事大家把矛头直指小颜。隔着小颜同桌能看到她的脸红彤彤的，我了解原委后，指出了小颜做得不对的地方，她羞愧得低下了头。

在我身怀六甲的时候，我的母亲因为天凉来学校为我送衣服，可是母亲没有找到我，是小颜同学主动收下衣服一直在教室门口等来我上课，还轻轻给我披上，那一刻我心里暖流在涌动，倍感温馨和欣慰，也感到了这个姑娘的转变。

再到后来，小颜在 QQ 上给我留言，说好喜欢我现在上课的状态。这是小颜同学成长的第一步，这也是我作为一名教师逐渐成熟的表现。

腼腆内向的孩子就像一朵含苞待放的花，需要春风、雨露、阳光才会顺利绽放。张狂的孩子也要用心聆听、感化和磨合，最终成长为一棵挺拔的大树！教育就是等待一朵朵花缓缓绽放的过程，我们要有耐心，有技巧，慢慢地等待他们吐露心声，慢慢地等他们长大。

我写了一首诗送给每一个经历成长，走向未来的学生。

致青春

流转星辰撒向大海
茫茫无际
正好遇见来时的你
不多也不少
心诚的落幕有世上最美的情愫
互换诺言互倾衷肠
留下美美一章
那是伴着朝阳

有瞳孔的颜色和光芒

飞吧少年

青春无须多言

插上雄鹰展翅等待风的召唤

祝福美梦

留住灿烂

握住未来

驶向远方

[**专家点评**] 教育无小事，亦在细小处。教师撑伞送医，打开学生心灵之门；教师为学生解围，直达学生的心灵深处。教师做的看似是小事情，实则蕴含着大智慧。

那份难得的遇见

四川省成都市郫都区第三中学　王　玉[*]

原来时间真的可以过得这么快,原来日子是在指缝中溜走的。好想时间可以慢慢走,这样我可以和你们待得更久一点、更久一点。可你们想长大,想独立,想高飞远走,想离开温暖的怀抱去寻求自己的春天。我懂得这种迫切,一如当年的自己,觉得自己羽翼已丰,士气正浓。我也期待看到你们在各自的领域里大展拳脚,而不是为了生活拼命奔波。

那一年的八月和第二年的二月,我们相遇得那样猝不及防,好可爱的学生,我深深被你们稚嫩的脸庞和干净的眼睛吸引。可以成为你们的班主任,我感到非常的幸运。三年中虽然小插曲从来不曾间断,但爱护你们的心却从来不曾失去。三年的高中生活,我希望带给你们更多的是丰富多彩,而不是单调乏味。回想一下,我们一起经历的那一切还历历在目……

一、"识物大 PK"

我希望你们爱上这个学校,爱上这个小镇;我希望你们的青春活力不被书海淹没;我希望你们的高中生活不枯燥。学校对面的花田让我们有着得天独厚的自然条件,可以尽情地奔跑,可以认识很多的植物。开学没多久,我们就进行了一次社会实践活动——"识物大 PK"。全班分成了八个小组,由学生选择组长,大家一起观察植物,一半组员负责查找资料,一半组员负责制作 PPT,组长负责讲解来进行组与组之间的 PK。最终根据 PPT 的质量、讲解员的表现及找到的植物是否带给大家惊喜等进行评分,给予前三名的组小奖励。通过这次社会实践,大家学会了制作 PPT,既锻炼了学生的组织能力,又发现了好几个有主持能力的学生……

二、徒步去野炊

本着锻炼身体、让学生认识农具的目的,使学生明白"自己动手丰衣足

---

[*] 教育信条:用知识做教学,用真心做教育。

食"的原则，我们踏上了去往先锋村的路。我们邀请了科任教师随行为我们保驾护航，步行四公里到了农夫记忆广场。学生中的大多数人一直生活在城市里，对于农具感到很陌生。磨盘、锄头、簸箕、升子……一一展示在学生面前。他们带着新奇认真地看着、听着，长了不少见识，这些基本常识还是要知晓的。认识完农具，了解了二十四节气，我们带着事先买好的肉和抄手皮去了吴××同学的家。一群孩子围在一起和馅儿，包抄手，煮抄手，打蘸料……忙得不亦乐乎。自己包的抄手就是好吃，看着学生一个个吃得饱饱的，我感到很满足。这次社会实践，大家收获良多，通过观察，我也发现了勤劳的"小蜜蜂"及默默为大家服务的"田螺姑娘"。在往返的路上，大家全程服从命令听指挥，没有任何人掉链子。

三、专业军训

因为种种原因，你们这一届开学时候没有军训，这也成了大家的一个遗憾。当然，也就让你们少了自律性，少了专注力，不懂"站行坐跑"的规则。基于这样的情况，我和一班班主任一起"聘请"了她往届学生中复员回来的一位教官给你们"开小灶"——军训。我们利用班会课、自习课，不论是艳阳高照还是阴云密布，我们都坚持训练，绝不说"不"。你们的认真劲儿是我非常欣赏的，你们的配合度是让我欣慰的。通过这次军训，你们的跑操获得了一等奖，集队集会不再需要我多加干涉，坐姿站姿也有了很大进步……

四、英语配音比赛

一次偶然的机会，我观看了一些英语配音小视频，为了激发你们对英语的兴趣，我便想到可以组织一场英语配音比赛。但是我对英语配音一窍不通。于是我便请自己的一位朋友对你们进行指导。在朋友的悉心指导和你们的共同努力下，这次英语配音比赛取得了圆满成功。挑选小视频、分组分角色、指导发音、角色扮演、完成制作……每一项大家都尽心尽力。有些学生的英语发音很成问题，但是为了不影响集体，他们都很认真地练习。有些学生的角色词儿多，其他学生也不会不耐烦，陪着练习。在这个过程里，我看到了学生们的团结、努力、耐心、专注……

五、原创诗歌朗诵比赛

作为语文教师的我举办了一场与语文息息相关的活动——原创诗歌朗诵比赛。在学生创作、教师指导、学生修改定稿的循环中，一共评选出了十多份优秀的原创诗歌作品,参加此次朗诵比赛。我们还邀请了学校领导作为评委,邀请了摄影师为学生录像。好多学生从来没有登上过这么正式的舞台,但也没有人怯场,他们自然大方、声情并茂,这是一场自己与自己的比赛……

六、开展亲子活动

亲子活动多出现在幼儿园,为何高中生也要举办亲子活动呢?因为你们长大后,跟父母的交流越来越少了。你们并不是不爱自己的父母,而是越来越不知道或者羞于表达对父母的爱。良好的家庭关系对于孩子的成长有着至关重要的作用。我也想通过这次亲子活动,了解一下你们所有人跟父母的亲密程度和家庭相处模式。亲子活动设计了从学校徒步到战旗妈妈农庄的路线,你们必须和父母手拉手一起走。当所有人都这样做的时候,大家也就没有了扭捏。到了农庄,所有人必须和父母拍一张合照发给我,然后游玩,一起吃午饭后,再跟父母一起回到学校。这是一次高中学生的亲子活动,也是你们成长的契机。

同时,还有放风筝、烧烤、运动会、篮球赛、歌手大赛、艺术节、跑操比赛……我们一起经历了太多太多有意义的事情。你们从未让我失望过。你们团结一致为自己、为班级争得荣誉的一个个精彩瞬间让我动容,你们配合着我为你们精心策划的一次又一次的社会实践活动,你们把社会实践活动中的经验应用于学习和生活,这一切都让我回味无穷。所以,那份舍不得,少有人懂。

但我深深知道,你们是父母的希望,我只是一个过客,在你们的生命旅程中只能陪伴三年。可你们于我而言,从早到晚的陪伴比任何人跟我待的时间都还要久。每每想到你们离开的那一刻,我就非常难过。但老师依旧希望你们通过这三年的陪伴实现自我成长的目标,在以后的人生征途中能更好地成长。

[**专家点评**]年轻的教师有非常明显的优势:他们有无限的热情与丰富的想象力。前者是工作的动力,后者蕴藏着巨大的创造力。认知大自然、徒步野炊、班级自主军训、原创诗歌朗诵、亲子活动等无不彰显着年轻人的活力与优势,相信这位教师终将成为优秀的教育者。

积极鼓励催开心灵之花

四川省成都市郫都区第二中学　文春霞[*]

最近越来越经常听到同事抱怨现在差生太多，教学过程太难。他们上课时一直不在状态，用现在流行的比喻就是"WIFI不在服务区"；下课后他们也不能按时、按量完成作业；考试成绩惨不忍睹……在这种情况下，老师"恨铁不成钢"，对他们越来越严格约束，而不幸的是，要求越严学生越叛逆，真是让人劳神伤心。久而久之，有些老师可能会有挫败感和倦怠感，我也有同感，下面是我与两个学生之间的故事。

一、相信自己　悦纳自己

高一分班了，要重新挑选课代表，这事让我有点头疼。办公室在一楼，两个班都在四楼，除了保留一个女课代表，我又把眼光放在了闻×同学身上。闻×同学，作为最好文科班里的六个男生之一，成绩几乎垫底，不爱读课外书，摘抄经常敷衍，作文字丑没文采，见了老师腼腼腆腆、唯唯诺诺。我强迫他做了我的语文课代表，因为我想借交作业的时机对他进行渗透教育。

正式上任前，我把闻×叫到办公室后介绍了做课代表的具体工作，表达了我很欣赏他，所以选他当课代表。他一直低着头，脸微红。从那以后我经常在他交作业过来的时候和他交流，有时候表扬他工作认真细致，有时候夸他最近上课状态不错，有时候夸他背书流畅多了，有时候他有摘抄到稍微好的句子我就在全班念。还记得我第一次表扬他时，他既震惊又窘迫，脸一下就红了，头立刻低下去，手足无措。慢慢地，他适应些了，只是被表扬时还是有点窘迫，哪怕是下课后和我说话还是会结巴。一学期后，他逐渐习惯我的表扬，也逐渐有些自信了，背挺直了，说话时也可以直视我了，课代表的工作也更加积极主动，上课时被提问也能回答了，成绩也能及格了。

有一段时间，他几次摘抄只抄了半页，我把他叫到办公室询问原因。他支

---

[*] 教育信条：宽容与严格并行，谆谆教诲；平等与尊重相融，循循善诱。

支吾吾说："我不喜欢阅读，每周没有读什么书，没有摘抄的东西。可以交自己写的吗？"我有些震惊，宁愿写也不愿抄？那行，就随他，且看看。他第一次交上来的小散文没想到还不错，有几个句子还比较生动。于是我抓住时机在班上朗读了他写得比较好的句子，并且表扬他主动每周写原创。之后他周周按时写一篇，我的评语以表扬为主，偶尔提点修改意见，后来他越交越多，一周两三篇，后来直接给我拿了一个日记本，原来他一直有自己写点东西的习惯，只是不好意思和别人分享。

我的评语还是以表扬为主，圈点错字，勾画优美的词句，有时候也不多说，只是鼓励他继续写。这个习惯持续到高二，他的写作逐渐有起色，每一篇里面可圈可点的越来越多，每周美文分享他被提到的次数也越来越多。在我们以"落叶"为主题的诗歌创作中，他写的小诗惊艳全班。

> 北风路过
> 让窗外那片摇曳的枯叶
> 落下了枝头
> 夕阳的余晖下
> 它似一只翩跹的蝴蝶
> 在寒风中落寞地舞蹈
> 我将它轻轻地拾起
> 叶上的纹路
> 沉淀着去年的记忆
> 我想将这枚泛黄的邮票收起
> 连同你的故事
> 一起寄往春日朗照的过去

后来，看到他下课时和同学侃侃而谈，看到他每周以原创作品代替摘抄，看到他作文越写越好，看到他被班上同学封为"才子"，看到他的诗发表在校报上，看到他因为自信开朗而开始颇有翩翩少年郎的模样，看到他在学校戏剧节上惟妙惟肖地扮演罗密欧而被学生封为"男神"，看到他的成绩一点点上升直至考入理想的大学，我由衷为他的改变而感到高兴。

鼓励学生建立积极的心态，为学生灌注积极的力量，使那部分有潜力而缺乏自信的学生相信"天生我材必有用"，相信自己一定能行。那么，这种积极力量必然会减少学生心中的消极力量，让他们能悦纳自己和相信自己，从而创造出属于自己的精彩人生。

二、永存斗志 永不言弃

有学生说如果我能行，那我一定会努力。可是我即便头悬梁锥刺股也考不上本科，甚至考不上专科，那我努力还有什么用？的确，我们学校的生源差，有一部分学生无论如何也无法考入理想的好大学，教师与学生是不是应该早点放弃？不，不能！

海明威的《老人与海》一书讲述了一位名叫桑迪亚哥的老人，在饥寒交迫中与大马林鱼、鲨鱼等多种鱼搏斗了三天三夜，最后只拖着鱼头、鱼尾和一条脊骨回港的故事。[①] 这说明过程比结果更重要。知道"自己行"而努力成功的人固然值得夸赞，而明知"自己不行"仍不放弃且坚持奋斗到最后一刻的人更令人可敬。况且每个人的天赋不同，人生的满分亦各有不同。有的人的满分是一百分，有的人是八九十分，有的人是六七十分，甚至有人是二三十分，我们无论怎么努力学习计算机可能也学不成比尔·盖茨，我们怎么勤奋奔跑可能也跑不成刘翔，我们怎么写诗可能也写不出李白的锦绣诗篇……但是，我们至少可以努力达到自己人生的满分，实现自己人生的最大价值。

也许奋斗没有结果，也许梦想并不会实现，也许付出并不会让人有收获，但我们绝不能被打败，我们要永存斗志、永不言弃，这才是人作为万物灵长的姿态，即傲娇的姿态和胜利者的姿态。如果在教师的鼓励下学生具有了永存斗志、永不言弃的积极心态，我相信成绩的提升是必然的，即使最终不能尽如人意，但这不懈奋斗、永不言败的过程必然能让学生青春无悔、人生无憾！

莫××同学高一分科初分到我们班时成绩是年级倒数，他常常神情萎靡、两眼无光，上课注意力不集中，作业完成度低。几次课下师生之间的单独交流，都毫无起色。我也有些心灰意冷，实在受不了课堂上有人完全不在线，也不忍心他从高一起就天天在学校里混日子，看不惯一米八的大个子却畏畏缩缩。

有一次他因不做作业而心甘情愿受罚时，我表扬他："你很有男子汉气概嘛，愿赌服输。"我现在还记得听到这句话之后，习惯被批评的他看我时吃惊的眼神。接下来在一次语文课上我为他设置了一个特别简单的问题，在他答对的时候表扬他："莫××同学，你这是睡醒了，要一鸣惊人啊！"他羞涩地摸头笑了。从那以后，只要他按时交作业我就会表扬他，做对一个题我也表扬他，上课答题即使没答对也肯定他的态度和思路，在被同学取笑也不气恼时表扬他

[①] 参见海明威. 老人与海［M］. 黄源深，译. 南京：译林出版社，2011.

大气……

　　慢慢地，他上课可以集中听几分钟课了，作业质量也好一点了，脸上有笑容了，语文从七十多分可以考到九十多分了，总分从两百多分也可以到三百多分了。但他基础实在太差，离大学还有长长的距离。所以，在高二时我找他聊了一个晚自习，鼓励他不要放弃，要追求自己人生的满分，不要放弃寻找他的潜力和前途。后来他和父母商量之后，选择了艺体的发展方向。高二下学期，他离开学校进行了专业集训。高考那天，我在考场送考，他专门找过来，什么都没说，傻傻地笑着，我给他系上了专门为他留的高考祈愿红绳。虽然最后他没有考上好大学，但考了一个艺体学校，但他至少燃起了生命的斗志，达到了自己人生的"满分"。

　　这两个故事告诉我们，如果能够积极鼓励学生，也许所谓的"差生"真可以不差。教师的职责就是要"教书育人"，现在"教书"方面很多教师都没有问题，如果能在"育人"上再有所建树，能用爱心、耐心、智慧凝结鼓励之言催开学生心灵之花，那么我们才会不负教师的"灵魂工程师"称号。教师"乐教"，学生"乐学"，教育必然是春暖花开、欣欣向荣！

　　[专家点评] 这位教师面对的是潜能生，她表现出娴熟的教育艺术：帮助学生确立了属于自己、适合自己的人生目标和学业目标，抓住一切可能的机会给予学生正面评价，一步一个脚印推动学生进步……所有这些都是为了找回学生的自尊与自信，使他们获取学习的动力，铸就积极的人格。而教师之所以能做到这些，都源于对教育、对学生热爱的初心与诚信，以及日常积累。

坚守那份热爱
——我的农村教育故事

四川省成都市郫都区第三中学　杨　敏[*]

面对一群高一可爱的学生，我尽自己所能，始终坚守在这一片净土上，无怨无悔地支持他们。我始终坚信：每一个学生都会闪光，都可能成为最亮的一颗星。

我任教的学校地处成都市郫都区唐昌镇，我们这个镇到城区有很远的距离。据了解，不管是到了不惑之年教学经验颇丰的老教师，还是初出茅庐经验欠缺的新教师，不少教师都想调入城里或通过公招考入其他地方。事实上，仍然有很多教师默默耕耘在这片土地上。扎根此校 16 年，我习惯于这里的一草一木，单纯的人际交往，调皮可爱、成绩普通但感恩上进的学生，每一个努力的学生我都喜爱。

时光飞逝，转眼间又进入了紧张而又井井有条的高三下学期。在校期间，班主任的工作是烦琐杂乱而又细致入微的。高三上学期期末的成都市"一诊"考试已经让学生认清自己的高中学习情况。班上共 52 个学生，初中毕业升入普通高中成绩在 442～460 分之间，在生源最不理想的情况下，当一些人用一种异样的眼光审视我们的"一诊"成绩时，我依然相信自己，也相信学生！

终于，3 月的春季高考考上了 23 个学生，还有 29 个学生需要参加夏季高考，坐在教室里的学生人数虽少，但一种强烈的责任心鞭策着我认真对待自己的工作，把他们当成是自己的孩子来感受他们的喜怒哀乐，并尊重他们的内心世界。如何成为一名合格的教育者，这一问题始终鞭策着我把高三班主任的工作做到极致。这虽然只是成绩普通的学生，但他们是家长的"宝"，也是我心中的"宝"。我想：当学生进入社会，遇到挫折磨难时，能想起我曾经对他们说的话，不误入歧途，我就是幸福的。因此，我热爱这份职业，严格要求自己，带领学生前进，在他们心中播种希望，用责任和担当书写"小城大爱"，

---

[*] 教育信条：课堂是学生的舞台。

这便是我的目标。

4月，当有人说：你那个班最多考上一个，何必天天坚守晚自习？甚至学生自己也开始抱怨：公寓里热水中断，没有空调……最初听到这些，内心的酸楚就像晕车的人酸水不停往喉咙里冒的感受一样，但我告诉学生：我们没有必要抱怨，我们应感恩学校给了我们在普通高中上学的机会，我们用事实说话，若将来逆袭了，就是对这些流言蜚语的最大回击。

因为热爱这片净土，所以我能坚持下来。此时，我接受学生的个体发展差异，也注重学生的多元化发展。今天的学习成绩不如意，并不能代表学生以后踏入社会后一事无成，更不能决定学生的前途。重要的是，学生要有健全的人格和强健的体魄。想到这里我心里一下子平和了，虽然我带的是学校成绩最差的班级，但是课上我依然积极鼓励后进生；课余，我依然悉心教导踩线生。虽然，现在很多重点中学只看重点高校的升学率，但我仍然鼓励、恭喜考上春季高考的学生，并争取专升本。在运动场上，他们挥汗如雨的拼搏；在艺术节上，他们投入专注的表演……我知道他们的不易，尽量发现他们的闪光点，不只看成绩，在生活中的点点滴滴，使学生健康、快乐地迎接高考。

转眼到了烂漫的5月，我们的科任老师和带班行政也进入紧张有序的备考状态，提前建立微信群，及时沟通，加强联系。当成都市"三诊"成绩下来时，我们依然倾尽所有，全力以赴。我深知老师的精气神也会感染和鼓励孩子。带病坚持工作的胡老师，细心耐心的张老师，睿智风趣的马老师，经验丰富的王老师……他们的努力和付出让我感动、敬佩，虽然我班学生的成绩较差，但我们从未停止过奉献、奋进的脚步。虽然最后留下来参加夏季高考的学生只有17位，但各科教师依然认真备课，反思总结，争取让更多学生考上自己理想的学校。

每次诊断性考试完，便是我"失声"的时候，因为重视学生的心理健康，及时找学生谈心、开导、鼓励他们也是我工作的重心。把抑郁情绪扼杀在萌芽状态，而不是等爆发了再弥补。有时要了解学生心底里最柔软的声音，需要同呼吸、共命运，真正做到感同身受，赢得学生的信任。记得张×同学在"三诊"考试后，位居班级第二，我对她信心满满，但张×同学没谈到几句话她就开始低声抽泣，原来她是为自己的历史科目没考到理想的分数而伤心。最后，她高考500多分，虽然不算是高分，但她给我报分数的笑容可以看出她已无怨无悔。能让入学时是最低普高线的学生成绩有提升，考上本科学校已足矣！这也许在别人眼里什么也不是，但他们能突破自己，成就自我，这便是我最大的欣慰。

点点滴滴的故事还有很多。今天,学生毕业了,不是所有的学生都天资聪颖,还有很多普通的学生,他们需要的是鼓励、信心、帮助……我们应给予他们更多的关爱。我扎根于农村学校,只求无悔。因为热爱,所以坚守。

[**专家点评**] 这位教师面对的是特殊地域——特大城市边缘农村中学中的一群学生,他们学业底子相对薄弱,升学能力处于弱势,而这里的从教者还面临着其他社会资源匮乏等情况。这位教师用自己的真情,坚持着成人目标第一,为学生塑造健全人格和强健体魄、弥补其学业缺欠,使其成为自立的人。不得不说,这相当了得!

慢慢打开那扇门

成都树德中学（外国语校区）　张　捷[*]

新学期，迎来又一届新生。望着一张张青春笑脸，我告诉自己希望这些学生永远面带阳光。但我注意到窗边一个学生的与众不同，冷漠的眼神、清瘦的脸庞，丝毫没有其他学生迈入高一年级的喜悦，也不与任何一位同学说话，极为平静地独坐着。班级的第一次座位是学生自由选择的。他来得比较早，却选择了靠近窗边的角落位置。学生依次进行自我介绍时，其他学生讲得神采飞扬，轮到他时却只说了寥寥几句，内容为自己的姓名和初中就读学校，特别补了一句"其他无"。

他叫小溢。开学以来，我发现他任何时候都是独自一人、形单影只。班上的男生相约打球，也没有他的影子。老师或同学问他什么，他要么不回答，要么生硬地说："不知道。"小溢性格高冷又孤僻。特别是他上课会不停地抖脚，课堂上会自己和自己讲话。如果遇到老师提问，他要么沉默，要么就两个字："不会。"作业完成得比较认真，但只完成了不到一半的量。如果我问原因，还是两个字："不会。"自习时，即使是课间，都会看到他只在座位上看书、做题，不与周围同学做任何交流。

这个年龄的男生都很活泼，他为什么会如此？

第一次数学测试，他的分数极低。数学教师反馈说，这位学生可以找他寻找原因，但这个学生不去。

很希望他像其他同学一样开心地学习、生活，阳光而开朗。

开学后，与学生逐一交流。我主动而热情地最先与他交流，没有想到，来到办公室后，他的第一句话是："老师，你有什么事，我还要写作业。"我一愣，随即告诉他："我们聊聊你进高中之后的感受。"他很冷漠地说，没有什么感受。然后保持沉默，我准备好的一肚子话只好憋在心里。反思自己这一次失败的交流，我意识到，这次谈话的初衷是满足我想与他交流的需要，而不是小

---

[*] 教育信条：做一个有温度、有深度、有趣味的教育者，与学生一起成长！

溢自己内心的需求。

我要寻找适宜的交流时机。一个月后，座位调整，我特意安排了一位阳光开朗的男同学与他做同桌。然而，我没有想到，约两周后，这个同学来找我反映问题。上课时，小溢同学不但不停地抖脚，还不停自言自语，导致他同桌也心烦意乱，但一直忍着。小溢还会突然抽动，影响很大，他要求换座位。不仅如此，坐在小溢前排的同学也来找我说小溢上课不停抖脚，个子又高，有时候脚刚好伸到了前排同学的凳子腿上，小溢脚抖这位同学的凳子也跟着抖动，天天如此，他提醒过小溢很多次，但没有什么效果。

如果此时把这两位同学换走，换谁去呢？换去的同学又能一起坐多久？突然换座位，又会给小溢带来怎样的感受呢？

这时，我又接到了小溢母亲的电话，对于他各科小测试的成绩，他的母亲也很焦急，一个劲地问："他的成绩不好，我们该怎么办？"

我也正想寻找他这些行为背后的原因。于是，我约见了他的母亲。这位母亲一到办公室坐下，就迫不及待地问我："他如果跟不上高中学习怎么办？"还说在家里，她问小溢学习情况，小溢要么不回答，要么就只回答两个字"不好"。

在与家长的交流过程中，我感受到了家长的焦虑与强势，同时也了解到更多情况。小学时小溢同学很优秀，各种奖项拿到手软，学习优秀，担任大队长，钢琴、吹号等，那时小溢同学是我们口中常说的"别人家的孩子"。因此，家长的期望值非常高，对孩子的要求也越来越高。后来，大约在五年级时，他连续几次的比赛成绩都不理想，家长就很急，依然高要求，慢慢地，他们之间就不怎么说话了……

我把小溢同学在校的情况告诉了他母亲，他母亲有些犹豫地说，这种情况在小学六年级时就有了，初中时情况好像更严重一些了，可这并没有对他的学习与生活产生不好的影响。所以，这应该没有什么大问题。我首先建议她不要只盯着小溢的成绩，能否从每次测试后不主动询问他的成绩开始。如果他想说自然会说，如果不想说，我们问了也没有效果。

怎么办？我该如何打开小溢同学紧闭的心门？如何引导他融入集体？

我希望能用班级的温暖打动他。经过观察后我发现，他做值日时特别细致，整洁有序。粉笔头太短的扔掉，可以写的摆放到盒子里，擦黑板的抹布叠得整整齐齐，黑板槽都认真擦过……于是，我想推荐他为清洁委员，负责班级值日。我想着先不征求小溢同学的意见，最好是由学生主动推选他。于是，我在选举班委之前，开了一次主题班会"为优秀的他（她）点赞"，希望进一步增进学生之间的了解。主题班会活动流程如下：第一，请每位学生在小纸条上列举班级给你印象最深的某位同学的优秀表现（不写出这位同学的姓名），由全班共同讨论，猜出这位同学是谁。第二，同桌之间互相写出三个优点和一个缺点改进建议。第三，把你的赞美说出来，同桌之间交流彼此的优点与改掉缺点建议。

同学的赞美带来了触动与惊喜。班会开始了，第一个环节就有同学列举了小溢做值日生时特别细致且负责的事例。当班级学生大声地猜出小溢同学的名字时，一向高冷的他眼里闪过一丝惊喜，但转瞬即逝，这一切好像与他无关。同时我了解到他喜欢打乒乓球，喜欢合作运动。

同学的热情带来了他的改变。我悄悄地鼓励班级两个热情、开朗的男孩主动邀请他一起去食堂，一起打乒乓球。哪怕他拒绝，也坚持不懈地邀请他。后来这两位学生告诉我，体育课上他参加了打乒乓球。我又悄悄地请这两个学生在活动课时，提前邀请他一起打球。那一天，小溢同学说自己忘了带球拍。我把自己早已准备好的乒乓球拍主动拿给他。渐渐地，他与班上的同学有了一些交流。

我又趁此机会与他交流值日生的事情，表扬他的值日做得太好了，很希望他指导班上其他同学做好值日。他没有表现出对老师信任的惊喜，反而平静地说，那我带着他们做一下。然后，我又思考该怎么推进下一步。

在另一次班会快结束时，趁着班会的余热，班委通过自荐或他荐选出清洁委员，有同学推荐小溢做清洁委员，负责值日。在全班学生的掌声中，他虽然没有对担任清洁委员提出异议，但没有看出他的高冷有何改变。小溢同学主动带着每一位同学按照他的高标准进行值日，每天班级讲台与黑板整齐又整洁，令人赏心悦目。

我又及时鼓励小溢同学，营造氛围。

随着小溢与同学的交流越来越多，我也请科任教师一起尽可能点赞小溢的优点，比如作业认真、不抄袭、做对了一个难题等小细节……在班上表扬他，而且每一次表扬都明确指出他的优点，而不是泛泛而谈。

但是，小溢同学抖脚行为与自言自语的情况并没有得到改善，而且手也开始抖，有时在课堂上还是会突然抽动，有时候动作幅度大，有时候动作幅度小一点，让周围的同学都时不时吓一跳。小溢同学的自尊心很强，很敏感，影响了周围的同学，又回到了原有的冷漠状态。如果是疾病，就不是仅靠我们的关心就能解决问题的。我决定及时寻求心理学方面的专业老师的指导。对于他不停抖脚、自言自语、不时抽动的情况，我上网学习了一些资料，然后请教了心理学方面的专业老师。心理老师建议，请家长带着学生去医院做进一步诊断。

于是我再一次约见了小溢的家长。这一次，他的母亲又迫不及待地告诉我，周末回家他主动说起担任班级清洁委员一事。虽然话语不多，但看得出，他很高兴老师和同学对他的信任。我把他上课突然抽动的情况告诉了他母亲。他的母亲虽然强势，但很理性。之前碍于面子，觉得其他同学会不会以异样的眼光看待他，所以不愿意带孩子就医。我多次与之交流，其母认识到及时就医是对孩子最大的关爱。于是，她很快带小溢同学去医院就诊。反馈的信息令人喜忧参半，坏消息是小溢同学是比较严重的多动症，并伴随着焦虑症。多动症治愈的时间会很漫长。好消息是这些都可以治疗。家长在医生指导下通过针灸等方式开始了漫长的治疗之旅，这一过程持续了三年之久。

在征得小溢同学及家长的同意后，我向学生讲了小溢同学生病一事。在我们班这个温暖的大家庭中，同学都很善良，也都愿意帮助小溢同学一起向前走。他的同桌与前排同学也没有再要求换座位。

小溢同学在大家的耐心与包容中，渐渐愿意与各科教师及同学进行交流了，长期的善意与安全感融化了他的内心，打开了那扇紧闭的门。在大家的共同努力下，在学校运动会时，他报名了1500米长跑，同学为他加油呐喊；在举办歌咏比赛时，他主动申请担任指挥；在期末时，他主动申请班级十佳且当选了……

他的多动症治疗进程虽然缓慢，但手抖动的次数慢慢减少，抽动的情况也在一年后得到一些改善，即便是高三学习紧张的时候，我也会根据他的治疗安排，帮他协调合适的时间。高考后，他如愿迈进了理想的大学。他在大学里学习认真，辅修了第二专业，参加学院社团……

小溢的故事让我意识到，我们作为班主任要不断丰富自己大学时期心理学、教育学等方面的知识，才能科学地面对学生层出不穷的状况；与学生的有效交流应建立在学生内心的需求上，而不是满足老师与家长单方面与学生交流的愿望；若遇到了明显处理不了的症状，便要寻求专业人士的指导与帮助，在他们的指导下才能有效展开治疗；教师要拥有良好心态，包容并接纳各种状况的学生；教师对每一位学生帮助的过程，也是对全班学生的观念与行为产生影响的过程。

真教育是人与人之间心心相印的过程，唯有从心里发出来的关心和关爱，才能打动对方的心灵。当教师先打开一扇心之门，就能与学生心心相印，实现真教育！

[**专家点评**] 这位教师做到了"做教育不能急于求成",在"慢"字上下功夫。对小溢同学的教育始于排位,始于其"抖脚"的小细节,先从家长易"焦虑""强势"开展治疗,再在同学的帮助和各种活动中寻求改变,又在专家指导下获取力量……三年高中时光,治疗过程虽然漫长,但家长、老师及同学长期的善意与耐心终换得小溢在大学中的绽放光芒,这是最令教师感到欣慰的。

我的教育故事
——平凡的色彩

四川省成都市郫都区第四中学　周涛蕾[*]

在八年的从教生涯中，我的教育故事十分平淡无奇，自踏入教师岗位以来，面对教师生活的琐碎和教学高压，我曾一度怀疑自己是否适合这个岗位，是否能够给学生强大的助力，是否能够给学校增光添彩？是否能让自己的世界一路芬芳？每当触及这些严肃问题，我总是感到异常惭愧，杏坛神圣，我拿什么奉献给你？一路走来我付出了什么？收获了什么？细细回想，唯有平凡。琐琐碎碎、点点滴滴的平凡也让我原本色调单一的人生不断变换颜色，为我的教师梦填充新鲜色彩，时而是忧郁纯粹的，时而是炽烈的，时而是冷淡幽暗的，时而是明亮温暖的，时而又是五彩斑斓……

一、平凡是澄澈忧郁的蓝色

蓝色既澄澈又忧郁，这个颜色能勾勒出我初入杏坛的心情和底色。刚刚踏上三尺讲台，学生因为我是外地来的新教师，看上去和善温柔、人畜无害而对我格外亲近。和学生之间的亲密无间，让我一时间收获了文科班大半的迷弟迷妹。我也欣赏他们的聪慧、灵巧和一点就通。简单的校园生活与和谐的师生关系，澄澈而纯粹。

在新鲜的适应过后，我和学生之间的和缓关系转变为师生各自问题的暴露。青年教师教学经验不足，和学生过于亲近会导致他们的放纵与懈怠，学生不服管教等问题随之出现："老师，你这个字笔顺不对。""老师，今天的作业太多了。""老师，为什么不给我们看电影啊，别的班都给看了……"尽管我耐心地解答他们提出的每一个有些挑剔甚至无理的问题，但似乎民主和平等并不能抚慰有些学生躁动的心灵。很多带刺的花蕾让我尤感棘手。那是一个难得的阳光明媚的冬日，天朗气清，云淡风轻，和煦温暖的阳光似乎有治愈一切的力

---

[*] 教育信条：教育不是注满一桶水而是点燃一把火。

量。不过，彼时，我并没有心情和闲暇驻足欣赏。期末考试即将来临，我正在忙着批改上午的期末模拟考试试卷，无暇他顾。课间 15 班那个最爱看书、个性也极强的女生推门而入，直入主题抱怨周末作业太多。尽管我平静地解释着"我无法让每个人都满意"，但这并不能说服她，接下来她毫无顾忌地指责道："可是，因为这次作业问题，现在班里大部分学生都对你不满意！成绩又不是靠这一两次作业就能提高的。"我十分愕然，确实我对期末考试太过焦虑和心急，不过作业是周一就留下去的，课代表玩忽职守，直到周五才反映问题。我跟她耐心解释原因，她勉强接受后却继续发泄对我的不满："老师，你为什么偏爱某些同学，总是抽他们回答问题；老师，你脾气太火爆，喜怒无常，动辄火冒三丈；老师，你的板书不美观……"总而言之，因为一次作业问题，我成功地引起了公愤。我不记得她是什么时候离开的，也不记得那天下午我是如何离开办公室的，只记得满心的委屈喷涌而出，刻意压抑情绪的身体也在瑟瑟发抖，最后我不顾众人的劝慰而号啕大哭。自己的兢兢业业、任劳任怨只求心安，全心全意为学生着想，事事亲力亲为，努力活跃课堂……最终却换来了学生三番五次的顶撞、质疑和当面指责。那一整个寒假，那个女生尖锐的指责犹如噩梦一般在脑中循环播放。那种强烈的屈辱感让我一度怀疑自己是否能够胜任教师这个职位。

痛定思痛，冷静过后我认真思索并找到问题的根源——太专注于教学之"技"，而忽视了提高教师自身的智慧。太过在意教学成绩的高下，钻研各种课堂授课技巧和答题技巧，核心问题是一个教师如果把精力全部集中于此，那么终其一生只能是一个合格的"教书匠"，难以向更高层次发展。如果教师的智力活动停滞或贫乏，那不仅是对思想不尊重、不重视的表现，更是对学生的不负责。因为学生从他的课堂中能感到他的思想处于停滞、僵化状态，不仅如此，学生也跟他们的老师一样不愿意思考，而且对课堂、对教师会充满了挑剔和不满。

找到核心问题的根源后，我不再怨天尤人，不再用怨毒的目光注视学生，不再用心灵鸡汤自我治愈，转而在繁忙的教学生活中如挤牙膏一样挤出零碎的时间阅读教育教学类书籍，积极观摩名师公开课，聆听高校的专业课和纪录片——我必须不断丰富、扩充自己的知识体系，从本学科、本专业和其他学科，比如历史、心理、文艺理论等多方建构、填充自身的知识短板。这种学习习惯一直维持至今。因为教学不是炫技，需要扎扎实实的专业知识和适时的智慧。而过去的"一桶水"远远不足以应对信息爆炸时代学生对知识与能力的渴求。

我花了很长时间治愈自己，不，应该说至今未愈。每次想起这件事，我都告诫自己，努力没有尽头，只有自身优点大于缺点甚至没有缺点，才能让学生心服口服。这个伤疤永不愈合，因为对教学探索的追寻是永无止境的，追求进步的脚步永不停止。之后我在校内的赛课中屡屡夺魁，郫都区以赛代培获区一等奖第一名。教学成绩名列前茅，与学生的关系亲而有间。

平凡但不耽于平凡，这是平凡的底色。这底色需要我持之以恒、永无止境地通过自我提高和终生学习来维持，否则这种底色会被种种琐碎、自怨自艾消磨，淡化甚至褪色。

二、平凡是炽烈的红色

送走第一届学生，这三年我褪去稚气，收获了芬芳的成绩，开出了我杏坛里的第一束花。很多同学毕业后回来看我，师生畅谈好不痛快，没来的学生也能收到他们的短信，通过各种方式获得学生的问候与祝福是一种别样的幸福。选择复读的学生抱怨复读课堂的沉闷，怀念我丰富多彩、知识与欢笑齐飞的课堂，有人担心我被下一届学生欺负，要为我出头以震慑学弟、学妹……这些都为我平凡的教师生涯注入了温暖、明亮的色彩，有如炽热的红色。

在与第一届学生斗智斗勇和精心打磨自我提升的过程中，我收获良多，这让我站在第二届学生面前，多了几分自信、从容和洒脱。这样的我迅速俘获了全班学生的心，每次打开QQ都能收到学生的留言：你真是我见过最美丽的老师；老师，您太会讲故事了，好喜欢这样的课堂；我们会关爱周老师，绝不惹您生气；您很像我以前的实习老师，耐心热情，没有因为成绩不好放弃我；您推荐的书太好看了，让人沉迷，简直停不下来，越来越觉得游戏没意思，这个国庆去书店里坐着看书；我一定会跟着您学好语文……这一届我沉浸式体会到了一个平凡教师的快乐和欣慰。每天上课学生像小学生一样争先恐后地回答问题，甚至没有被提问到的学生会找我"抱怨"，办公桌上经常有小礼物从天而降，嗓子不舒服时有学生自己在家里熬了冰糖柚子水给我润喉……每节课的任务都能圆满完成，学生的考试成绩也遥遥领先。我这时才美美地体会到了太阳底下最光辉的职业带来的成就、欣慰、感动与满足。

（一）渐入佳境的课堂艺术

好的课堂是老师和学生之间互相成就的，炽烈的课堂氛围也使我迸发了很多灵感瞬间。那堂课刚刚开始，我正在讲授《包身工》里的写作技巧：场面描写时的点面结合能更好地使人体会到。上课大概七八分钟了，15班的"机灵鬼"谢××猝不及防地出现在教室门口，她一直都是班里的搞笑担当。我还未开口斥责她迟到,她就手脚并用,用极其夸张的表情和语气给出各种奇葩理由,全班同学从鸦雀无声到哄然大笑只用了几秒钟。我抓住时机,让大家把刚才的场景用"点面结合"的手法描写出来。学生顺着我的提示思考,找出必要元素——当事人谢××同学、负责维持纪律的班长、"直接受害者"周老师,将三者作为不同立场的代表进行重"点"刻画,其他同学作为整体反应的"面"来刻画这个课堂插曲。学生奋笔疾书,十分钟就挥笔写就了一个个精彩的片段。每位学生都积极主动诵读了自己的"大作",全班一起热烈点评。因为写作内容是全班目睹的真实场景,这是对真实生活的艺术加工,那节写作课不仅是欢声笑语萦绕在耳边,而且习作效果明显高于平时的作文课。善于抓住课堂教学的灵感,哪怕偶尔偏离提前设定的教学轨迹也无妨,因为语文是一门与生活息息相关的学科,她应源于生活、服务生活、表现生活、高于生活。

当然,灵感不会凭空迸发。教学灵感首先源于教学实践,来自教学情境的激发,课堂上,学生积极的思考、饱满的情绪,教师愉悦的心情,惬意的师生对话,都会成为激发课堂教学灵感的土壤。其次,教学灵感不会偏爱那些缺少变通、知识浅薄、孤陋寡闻的教师,而往往会降临在那些学识渊博、涉猎广泛且又充满激情的教师身上。所以,我们平时要像海绵一样去广泛汲取、吸收、钻研所教学科的有关知识,广泛涉猎专业之外的其他知识,以此扩大自己的知识储量,提高灵感出现的概率。灵感一旦出现就要牢牢地抓住它再"借题发挥",将每一个小意外化身为帮助学生学习的契机。

(二) 教师鼓励和欣赏的目光

教师的鼓励与欣赏对学生来说简直就是催化神器,廖×是从理科班转过来的插班生。他寡言少语,但行事稳重。第一次发现他的闪光点是在审阅一篇月考作文时,那是记录成长的记叙文,我客观评价了他文章中关于其祖父的细节描写真实而生动,打动人心。一次极为平常的点评和分析,却收获了超乎想象的惊喜,此后,廖×的文章越来越优秀,在男生中几乎是凤毛麟角。他的作文不论是周记、平时习作还是考场作文,都能看出其精巧构思和扎实积累的痕迹,不论是记叙文还是议论文都有异于常人之处。半学期后,他的语文成绩由入学时的 91 分到了 110 以上,一直持续到高考。一学期后,他主动申请做我的课代表,成为我任期最长、最负责敬业的课代表。处于青春期的学生,无论他们脸上显示出多么不在意和无所谓,但在内心深处都是渴望被肯定和被表扬的。此后,我经常表扬学生,当然不是"你很厉害""你真棒"这样泛泛而谈的表扬,而是真诚地抓住每一个细小的优点去放大,因为恰到火候的激励、表扬能够增强学生的自信心,调动他们的积极性,使他们处于兴奋和主动的学习状态，从而激发其想象力和创造力。书写最差的体育专业训练生卷面也越来越工整，不爱做笔记的学生周末摘抄也很认真，成绩虽然不突出但是做题完全按教师要求认真勾画批注的踩线生……我深信每个学生身上都有闪闪发光的地方等待着教师去发掘、开采和打磨。

每个学生都是蓄势待发的种子，他们会开什么花结什么果，这些都是未知的，也许每朵花的花期不同，或早或晚，甚至有的永远不会开花——或者他们是一株参天大树的种子，虽然永不开花亦无芬芳，但当破土而出之际亦能惊艳众人。但是这些都需要教师用爱、尊重和鼓励作为阳光、水分和营养。他们是有待开采和打磨的璞玉，教师的鼓励和积极心理暗示能使他们自我打磨并绽放异彩。

平凡是炽烈的红色。于平凡中发掘不凡，这是平凡的动人之处。

三、平凡是五彩斑斓

五彩斑斓在这里不是浪漫与绚烂的意思，而是代表了一种平凡的常态。在这个过程中，在平凡中创造五彩斑斓的高中生活，不仅有奋斗拼搏的精神，也有因克服困难才能绽放的光彩。没有哪一种颜色是平凡教师生涯的主色调，单一的色彩不是生活的主旋律，生活中总会出现其他颜色，充满各种惊喜与意外。身体力行、尊重热爱、欣赏鼓励、反思精进、耐心包容，都是每一位平凡教师拥有的不同之处。就像红黄蓝三原色可以调配出五光十色的世界一样，在有专业技能保障的前提下，以爱、责任和鼓励三原色为基础，使平凡的教师生涯也能五彩斑斓、异彩纷呈。

我将青春绽放在三尺讲台上，将热血洒落在飘飞的粉笔屑里，八年教师生活让我收获了对平凡更深厚的理解。在精彩纷呈的"杏坛"中，希望我能在平凡的岗位上跋涉不止，我也愿做那个在平凡中事事勇于争先的人，在平凡的岗位立志做一名好教师。

[**专家点评**] 这又是一则优秀青年教师逐渐成长的故事。青年教师难免较幼稚，也会有失误，但他们的成长也源于反思。他们能在反思中学习，又能在学习中改变，不断反思，不断学习，不断改变，不断成长，最后成为优秀的甚至是杰出的教育者。

第三篇　研修叙事

人是观念的存在物，教育者的教育教学行为及其教育成果是由其观念决定的。在应对林林总总的教育教学问题时，我们的研修应致力于教育教学观念的更新，其中读书与思考是两大路径。

我们以语文思维教育为原点建构出"阅读同心圆"（语文思维教育学科专业阅读、教育教学专业阅读、其他相关拓展性阅读等），以提升在研教师的阅读能力。学科专业阅读是就语文学科课程建设、课堂教学基础理论和前沿动态展开的研究性学习。教育教学专业阅读是就一般教育教学基础理论和前沿研究展开的学习。其他相关拓展性阅读则是在前二者的基础上，在阅读的广度和深度上寻求突破，比如从人文社科学科（哲学、宗教、艺术、社会学等）向自然科学学科（数学、物理、生物、人工智能、自然哲学等）方向延伸，从中华优秀传统文化经典向西方传统文化经典的方向拓展。同时，我们还注意对在研教师深度阅读的方向发展，比如中华优秀传统文化经典的阅读，我们以儒家经典为起点，围绕思维方式展开融合性阅读研究。

名师工作室在运行期间有一项写"两记"的常规活动，即针对课堂教学写"教学手记"，针对有关阅读的收获写"读书笔记"。在本篇研修叙事中有相当多的文字就是各位教师的"读书笔记"；另外，也有陈述自己的研修心得的文字，也是在研教师教育教学观念发生改变及这一改变如何发生的心路历程，希望能对相关从业者有借鉴意义。

培养学生的阅读能力与写作能力

成都石室蜀都中学　胡绍华[*]

家庭教育不仅是某一个家庭的难题，似乎也是一个世界性难题。我想从一名语文教师的角度讲一讲父母应该如何开展家庭教育。

阅读可以坚实他们的精神，为他们之后的人生打下基础。教育离不开阅读，书籍是人类智慧的结晶，无论多么伟大的家庭或学校都不可能提供这么全面的第一手资料，家庭或学校都必须依靠书籍来获取间接经验指导我们的生活。孩子的成长固然离不开书籍，但也不能总是把孩子关在家里读书，他们还应该多接触大自然，既读万卷书还要行万里路。即使外部条件不允许行万里路，至少也要学会和大自然做朋友，这样才能更好地认识世界，懂得人与自然应和谐相处，把书籍和自然联系起来，更有利于孩子全面成长。

不同年龄阶段的孩子肯定要读不同的书籍，学前儿童可以多读绘本，因为绘本图大字少，读起来不是那么吃力，也更加符合儿童的认知规律；再大一点可以看看《婴儿画报》《幼儿画报》，家长最好能读给孩子听，对孩子来说没有比父母的声音更好听的语言了。家长在读的时候，最好用手指着文字，这样孩子在潜移默化之中记住了故事，也认识了文字，并且能够理解其含义。这就是在阅读中识字，更能把文字符号和文字意义联系起来。汉字和英文字母的最大区别是：英文字母是表音文字，汉字是表意文字。识字教育最忌讳父母拿着识字卡片机械地教孩子认字，虽然孩子记忆力很好能够记住，但这是极不科学的方法。

在家中营造阅读的氛围，家长带领孩子一起培养阅读习惯，由喜欢读书而善于读书，书香能浸润全家的气质。

要想培养学生的阅读习惯，首先父母自己要喜欢阅读，养成阅读的好习惯。

爱读书的父母尤其是爱读教育学和心理学相关书籍的父母，可以让自己科

---

[*] 教育信条：教育是师生的双向奔赴，成就学生的同时，也在成就教师自己。

学地教育孩子，不因自己的无知给孩子带来痛苦而后悔。

教育工作者都知道教育孩子要抓住关键期。在不同的年龄阶段，孩子某一方面的特征、技能会发展地特别快，一旦错过关键期，其这方面的技能可能会发展得很慢。

作为孩子的第一任教师，家长应通过读书掌握孩子成长的关键期。这样在教育孩子的时候才能尊重、遵循教育和生命成长的规律，不会因错过孩子某一技能成长的关键期而留下遗憾。读书可以让家长科学地进行家庭教育，这才是真正的"不输在起跑线上"。

培养孩子的阅读习惯，父母还要注重积极营造阅读氛围。不论是客厅还是卧室，凡是伸手可取可抓之处都应该有书，要使书籍触目皆见、随手可取。

B.A.苏霍姆林斯基在《给教师的建议》一书中针对学习有困难的学生提出了一下观点："不要靠补课，也不要靠没完没了的'拉一把'，而要靠阅读、阅读、再阅读——正是这一点在学习困难的学生的脑力劳动中起着决定性的作用……而且在于借助阅读发展了学生的智力。学习困难的学生读书越多，他的思考就越清晰，他的智慧力量就越活跃。"[1] 其实在中学里，我们也经常能够听到一些理科老师抱怨自己的学生读不懂题。不只是理科，就是语文学科，我们也经常发现很多学生不能够理解题意，抓不住题干的关键信息，读不懂小说和散文。因此从小进行阅读积累，不仅对学生小时候的成长有益处，对学生的未来发展也有益处。

爱阅读的父母总是会营造宽松民主和谐的家庭氛围，通过阅读塑造孩子正确的世界观、人生观、价值观。

如果说父母是孩子的第一任教师，是孩子的教育启蒙者，那么家庭显然就是孩子的第一个教育环境，家庭环境能直接影响孩子的学习成绩、心理健康、性格塑造及未来发展方向。

家庭氛围的营造者自然是父母，教育孩子是父母最伟大的事业，必须拿出父母全部的爱、全部智慧和才能，才能培养人格方面独立健全的人。每个人的精神状态、心理活动、思维模式、行为习惯各不相同，那么由不同状态的人构成的家庭，根据各家庭成员的状态，可粗分为正能量家庭和负能量家庭。

正能量的家庭是安定的、和乐的、幸福的、温暖的、团聚的、整洁的，负能量的家庭是不和谐的、杂乱的、动荡的、离异的、冷漠的。具有正确价值观

---

[1] B.A.苏霍姆林斯基. 给教师的建议［M］. 杜殿坤，编译. 北京：教育科学出版社，1984：56—57.

和人生观的家庭总是充满正能量的。

生活中经常会遇到这样的家庭：夫妻二人常常为了一些小事喋喋不休地吵架，甚至是打架，生长在这样环境里的孩子既胆小又特别懂事，这种懂事反而让家长对家庭教育产生怀疑，为什么我的家庭环境这样差而孩子却那么懂事呢？其实他们不知道，孩子生活在这样动荡的、不安的家庭氛围里面特别缺乏安全感，为了活下去不得不用听话和懂事来迎合或讨好父母。可惜这样的父母非但没有看到孩子的可怜，反而还认为自己的家庭教育没有问题。在这样的家庭中成长的孩子会特别胆小脆弱，种种问题会在青春期甚至成年后才会显现出来，他们中的很多人未来会在痛苦中度过。我真想对这样的父母说，去读一读关于家庭教育的书籍吧，或者关注一下自己的孩子也是可以的，让他们感受到你们的爱。

倘若父母能够营造一种宽松、和谐、民主的家庭氛围，从小培养孩子正确的世界观、人生观、价值观，这能避免多少人间悲剧啊。

阅读便于孩子成长和训练他们的思维方式，另一个具有可行性的操作方法就是写作，写作绝不是无病呻吟，而是有的放矢。通过写作锻炼学生的思维，他们逐渐能用语言进行自我意志、自我思维的表达，这对于他们未来的发展将十分有利。

要把读书所得转化成表达能力，转化成学生的高阶思维，其超强的逻辑推理和高超的语言表达能力，可以通过写作这个十分有效的转换器得以实现。

[**专家点评**] 这位教师是站在教师和家长的角度为家长提出建议的。他首先讲阅读在学生成长过程中的重要性，特别是在学生不同年龄阶段对读物的选择有别，提醒父母要抓住孩子成长的"关键期"，家长应积极营造家庭读书氛围，又特别提及阅读对学生世界观、人生观和价值观的塑造作用。在他看来写作能力是阅读能力的必要延伸，学生能够通过写作表达自己的理解，教师可以通过学生的写作了解其逻辑思维能力、表达能力等。

用思维导图理顺生活之网

四川省成都市郫都区第一中学　冷莉梅[*]

北岛曾经写过一首世界上最短的诗，这首诗题目只有两个字，叫《生活》，内容只有一个字——"网"。[①] 这首诗以一种最简洁的姿态告诉了我们一个最沉痛的真实：生活是一张让人无法逃离的复杂蛛网，我们将在这个网中缓慢地耗尽一生。生活这张网有时候有着一种单调的冗杂，有时候却充满着混乱，更像是一团乱麻在整个空气中胡乱地交织。这种混乱体现在生活的方方面面，凌乱的客厅、乱七八糟的时间安排、混乱的教学管理、紊乱的思绪，这些杂乱的事宜及思绪组成了混乱的生活。

如果我们能给所有的混乱寻找原因，恐怕它们全部都会指向同一个地方——我们的大脑，这个混乱的中枢。我们的大脑可能像头发一样，也需要一把"梳子"，把一切的混沌理顺。我们需要利用理顺思维的工具如思维导图等，来整理这个庞大而混乱的生活之网。

我是一个有拖延症的人，拖延背后是一种对有序生活的下意识反抗，可能就像是宇宙永远存在一个自发的由有序向无序发展的熵增定律一样，人总是希望在无序之中获得喘息。

有一段时间，我长期在拼命拖延和疯狂赶工作之间徘徊。突然有一天，师父给我拿了一套书过来，那是一套看起来挺薄又很花哨的书。我当时心下很狐疑，师父看书的风格一向是高深而枯燥的，现在怎么突然拿了这么花哨的小书过来？我试探性地问他："这书怎么样啊？"师父说："这书很不错！"

这书确实很不错，它在接下来的时间里改变了我的工作方式和生活方式。作者东尼·博赞在这本《思维导图》里画了密如蛛网的思维导图，这个网络的结构和我对生活的反思有着完全一致的领悟。[②] 我在第一眼看到的时候，就喜

---

[*] 教育信条：教育之道，即幸福之道。
[①] 参见北岛. 北岛诗选［M］. 广州：新世纪出版社，1986.
[②] 参见博赞. 大脑使用说明书［M］. 张鼎昆，徐克茹，译. 北京：外语教学与研究出版社，2005.

欢上了思维导图。思维导图触发的灵感是脑神经突触的联结，当我们用图谱之间的联结呈现思维过程时，整个庞大而有序的思维网络向我们展示了无限的迷人的魅力。它不像是冰冷而没有人情味的表格，表格运用最为标准的直线和矩形来组成自己的结构，而思维导图往往是随意的，用各种随性的曲线和圆圈来表示思维，你可以携带着思维走向很遥远的地方，也可以让你的思绪发展成一个非常庞大的计划，这一切都是可以变化、可以蜷曲、可以伸展的，思维导图是有序与无序的综合体，这是我较喜欢思维导图的原因。

我现在都感激师父赠送了我这么一套书，这些花哨的图示自此开启了我工作和生活的新篇章。我将思维导图应用到我的生活和工作中，它在我和学生的交往过程中发挥了重要作用。

最开始，我是在做生活规划时用思维导图来厘清思路。我的记忆有时候像是春天原野上蹦跳的小鹿，它太过于跳跃以至于我总是记不住一些程式化的事项，而生活中永远有足够多的零碎的事情需要及时、妥善地处理完毕。我曾携带过一个随身记事的笔记本，但那个本子过于零碎而导致我做了这部分工作就遗忘了另一部分工作。有一天我突然想到，我为什么不试着用思维导图规划一下我这一团糟的生活呢？

我买了一个可以随身携带的活页本，开始笨拙地规划我的生活。我最开始做的是一天的计划，后来我发现只规划当天事务仍会让我陷入混沌之中，随后我开始设置周计划和月计划。

这些计划最终发展成为一个比较完善的日程管理体系。体系的最底端，在一切开始的地方需要有三年、一年计划，当然如果有一天突发奇想，还可以有一张人生计划图。这些计划最终被分到月和周，在最末端变成每日事项。日常生活中永远有无数临时增加的事情，它们变成了思维导图中每日事项的毛细血管，不断地加入，但主干上规划的事情则稳如磐石，它们在思维导图中占据着较为大的空间，提醒着我最初出发的目的。在这个系列之外，我单独开辟了一页阅读计划、教学计划、听课计划、写作计划，附着在这个庞大而灵活的体系之中。

在这套体系之中，我用颜色来帮助我表示事项的紧急和重要程度，并努力将时间管理的象限法则融入进去。当我一点一点地梳理做计划时，就像是做了一场长途旅行。我坐在"当下"的起点，走向了"未来"这个列车即将经过的各个站口：翻越了高山，蹚过了大河，经过了无边无尽的原野，走到了静谧的乡村小路。这一切似乎能够帮我从天空之中俯瞰未来的时间，就像是一个旅行攻略，又类似于VR全息虚拟体验。

在实际的操作过程中，我很有可能需要权衡和放弃某些事项，但是当我有着更加系统的规划的时候，就算是放弃，很多时候我也能拥有更多的掌控感，而不再将放弃视为悬崖和猛兽。

渐渐地，我开始用思维导图做讲座和教学设计。我的课堂总体而言是比较有趣的，我会尽量留给学生足够多的思考和发言的机会，当然，随之而来的问题是我们的进度和课堂的有序性可能偶尔会遇到一些小麻烦。随后我开始把思维导图呈现在学生的面前，希望思维导图能将他们奔腾的思维的河流安放到合适的河道，将他们散乱的思维导向一个有序的方向。

学生非常喜欢思维导图，他们也常常受困于思维的凌乱。"似乎有个什么东西在我的脑子里打结，让我就是得不出这个结论来。"有个学生这样告诉我。我和学生最近在上《大堰河，我的保姆》这节课时，这首饱含深情的诗歌里有一个让大家想不明白的事情，作者艾青如此深爱他的养母大堰河，为什么不将题目写成《大堰河，我的母亲》？当我把双气泡图画在黑板上时，学生还在打趣说这个像螃蟹吐泡泡一样的东西看起来很是奇怪，但是当我们用双气泡图详细比较了保姆和母亲这两个概念之后，他们立刻明白了，一个保姆给予了作者连亲生母亲都没有给他的爱和温暖，这个题目更加打动我们，也更深刻地彰显了大堰河无私的母爱。

我备课时开始用思维导图搭建课堂的进程，随后再开始和学生一起将思维放飞，我们将适合讨论的地方用不同的颜色标注，也将大家都熟练掌握的部分加快进度。我用鱼骨图帮助学生分析问题形成的原因，用双气泡图做比较，这些思维的骨架渐渐地变成他们学习的帮手。在今后漫长的岁月里，当他们遭遇生活的蛛网而手足无措时，思维导图有可能会从他们尘封的箱子中被拿出，变成他们工作和生活的助手。

思维导图已经开始成为我思考的一种习惯。它自然而然地进入了我的生活和工作，在不经意之间变成了协助我走路的双脚和帮助我做事的双手。无形的思维延展出来，变成有形的点、线、面。思维原本是一条看不见的绳索，我们却可以用思维导图让它显形。突然有一天，我发现思维导图也可以走向我们的内心，帮助我们梳理很多心理上的困惑。

那是一个夏日的晚上，躁动的蝉正在树梢上焦灼地嚎叫，临近高三，连时间似乎也变得滚烫而热烈。班上有个学生到办公室来找我，她的双手有些微微的颤抖，她的眼睛里装满了深深的忧虑，她整个人像是一张枯黄而柔弱的树叶，她说："老师，我特别焦虑和紧张，但又不知道该怎么办。"

我让她赶紧找个椅子坐下，给她倒了一杯水，安抚她："你为什么觉得很紧张，很焦虑呢？"她想了一下，随后痛苦地揉着自己的头发，说道："我也不知道，我就是觉得特别心慌，可能是因为我没学好，我妈妈最近又总是说我，我也不知道是怎么回事，我最近做题手都发抖。"她的声音已经开始带上了哭腔，我轻轻地抚摸着她的背，等着她慢慢冷静下来。

高考像是一头残酷的猛兽，当它逼近学生的全部生活时，总是会吞噬掉他们的悠闲自得，赋予他们紧张和自我怀疑。我当时并没有接触太多心理学的知识，无法给予这个学生有效的心理疏导，我只能想到一个办法，我告诉她："有时候我们所恐惧的，就是恐惧本身，你要不要和我一起把你紧张和焦虑的原因梳理一下？说不定梳理完就没有那么紧张了。"

于是我们俩找了一张白纸，我开始慢慢地帮她把自己能想到的所有因素用思维导图的形式梳理出来，最终我们发现让她紧张的最主要的原因是害怕自己高考失利、害怕妈妈对自己失望、害怕同学看轻自己。我们继续往下分析各个因素的深层次担忧。我问她："高考失利会导致什么？"一路回答下去，她担心高考失利会导致考一个很差的学校，这样就会找不到好工作，最终导致自己渡过失败的一生。在夜色的鼓励下，她开始用思维导图走到内心深处最为恐惧的地方，把每一个导致她紧张的因素都写下来，最后写满了一大张纸。这个不太规整的思维导图里面盛满了她的情绪。

接下来我们又去慢慢分析她的恐惧，我问她："是不是高考没有考好，最终就会渡过失败的一生？还有你分数考差了，妈妈会不会就不爱你了？你最好的几个朋友，是按照分数高低来交友的吗？"她看着自己画的思维导图，也是忍不住觉得好笑，漫长的人生怎么会由一个高考的分数来决定？友谊比想象中的更纯粹，而妈妈又怎么会因为高考发挥不好便不再爱她？

我们的情绪有时候会绑架思维，将思维扭曲，当我们将整个思考过程还原出来的时候，很多情绪的荒谬之处便能够自然地呈现出来。我想，思维导图一定能成为心理咨询的利器，因为它能够将思维的每一个节点清晰地呈现出来，而脱离开情绪的我们能够更加理性客观地去看待原本混杂成一团的思想。

我们的思想易困顿于混乱之中，在思维导图将思绪外显的过程中，我们的思想也就有了更多着陆的地方。生活之网需要被理性之线驯服，而思维导图便是那线的织机，可以将交错的瑰丽线条纺织成一张绚丽而深邃的图画。

[**专家点评**] 思维导图绝非仅用于思维的过程的外显，实际也可以是具有人文性质的思维向导。东尼·博赞创制它，突破了线性和单一，走向了多维、立体和放射，它被称为"心智图"，能全面调动人左脑的逻辑、顺序、条理、

139

文字、数字及右脑的图像、想象、颜色、空间、整体思维，使大脑潜能得到充分开发，激发人的创造性思维能力。这位教师深谙思维导图这一特性，运用到课堂教学与日常生活、日程安排与人生规划等方方面面，并因使用这个方法而享受了工作和生活！

情注教育　眼界决定境界

四川省成都市郫都区第一中学　刘仁洪[*]

时光荏苒，不觉间已走上讲台二十多年。以前每每见学生有不良行为时，我都忍不住立即当面给予批评教育，甚至觉得这是自己工作做得及时，也是对学生认真负责。通过这些年的教学实践，我才深深体会到无论是在课堂上还是在班级管理上，"爱"的力量更伟大，用心关爱他们，是教师送给学生最好的礼物。

随着与学生相处日久，在教与学的过程中，我越来越认识到：眼界决定境界，眼界决定高度。以前老师一般被称为教书匠，那么匠人与大师有何区别？时至今日，通过学习和培训，我从万平老师、赵谦翔老师、高金英老师、蒲儒刭老师走向卓越的经历中明白了：匠人是一直在重复，大师是一直在创造。何谓大师？智如泉涌，行为表仪者，大师也。所以我们作为老师，作为班主任，每日夙兴夜寐，皆为辅助学生实现梦想，更要情注教育。

情注教育，用"爱"为学生保驾护航，让学生用辩证思维看世界、提升境界。在高中时期，有的学生依旧未能激发自主性，有的学生十分叛逆，让太多老师无能为力。令我感受最深的就是2019届的部分学生，他们是理科生，好多人骨子里不爱语文，认为语文花时间多又见效不大，甚至在语文课上也做理科作业。虽然总分还行，但语文成绩考100分都很困难，让人担心不已。别人的鼓励或肯定的话语，似乎对高中生而言不会有太大的作用，现在我发现是自己的认识错了。

三月月考结束后，上午第二节课，我给学生评讲月考试卷时特别提出"规范、落实"四字要求。多年教学经验令我认识到，凡是缺乏教师用爱灌注的地方，无论是学生的品格还是学生的智慧都不能得到充分的或自由的发展。因此，深厚的爱生之情推动我愉快地接近和理解学生。通过无数次与学生交流沟通，以及自己不断丰富、趣味化的语文课堂，我力求使学生明白语文学习既可

---

[*] 教育信条：以人为本，情注教育，静等花开。

以生动有趣，又可以丰富多彩。

　　情注教育，用心与学生相处交流。当下，有的师生关系很紧张，有的学生在学习、生活中总是从"我觉得"的立场为人处事。还记得在一次联考班级挑战赛中，因为某同学的偏激言行导致班级之间、班级内部关系十分紧张。教师这时应引导学生用换位思考和辩证思维的角度去考虑，毕竟眼界决定境界，眼界决定高度。对于这次联考班级挑战赛，我让该学生自己分析：学习和生活中，如果只要"我觉得"，不要"你觉得"，会出现什么情况？如果只要"你觉得"，不要"我觉得"，又会出现什么情况？该同学认真分析后认识到：其实在人与人的交往中，若只要"我觉得"，不要"你觉得"，缺点是过于重视自身的感受和看法，忽略对方的感受，太过强势，这样会导致朋友变少，评价低；优点是这样易有主见、有决断，如果人有决心和毅力就能够带领大家勇往直前走向成功。若只要"你觉得"，不要"我觉得"，缺点是会在讨好他人的过程中迷失自己；优点是重视对方感受，提供情绪支持，体贴对方，这样会使得自己朋友变多。其实最好的处理二者关系的方式是既要"我觉得"，又要"你觉得"。在人际关系中，"我觉得"是基础，要保障自己人格独立；"你觉得"是尊重他人感受，恪守他人边界。社会是人与人之间的相互作用，人永远会处在关系之中。所以，每个人都需要了解他人需要，尊重他人的感受，要学会尊重"你觉得"，也要树立自己的形象，保证自己的意志，要有"我觉得"。"你觉得"和"我觉得"合起来才会形成健康的人际关系。

　　情注教育，微笑也是教师给学生最好的礼物。在我的教学中，微笑无处不在，因为我觉得：微笑中包含着丰富的内涵，它是启迪智慧的力量。顺境时，微笑是对成功的嘉奖；逆境时，微笑是对创伤的理疗。而有些教师在讲台上站久了，整天板着一副学究式的、长者的冷面孔，似乎忘记了微笑，在学生面前不会笑了。可是，我们的学生却无时无刻不在期盼着教师的笑脸。

　　每天上课听着学生喊"老师好"时，我总是面带微笑，回一声"同学们好"，路上遇见学生喊"老师好"，我也会面带微笑点头或回应一声，习惯了也觉得这很正常、很自然。有一天，我正在去教室的路上，有一位女同学走过来对我说："老师，我发现您是最爱笑的老师。每次看见您，我们的心情都会变得特好。""哦？真的吗？""是呀！"说完我们都笑了。微笑，就是微微的笑，是从内心散发出来的，不是傻笑，更不是大笑，有时微笑是对一个人最好的肯定与鼓励。微笑不单单是一种表情，更是一种感情。这么多年来，我的课堂总是充满了欢声笑语。记得有一次我借班上示范课，学生都笑声不断，在愉快的氛围中进行着教学活动，那节课我上得很轻松，学生注意力也较集中，师生配合十分绝妙,让我久久不能忘怀,甚至有听课的老师说:"这个班是不是你自己带的班呀?学生配合得这么好?"我在教学日记中写道:"你今日给了学生一个微笑,学生给了你一节完美的课堂,记住这个微笑,让它延续下去。"

在担任语文教师和班主任的过程中,我一直是以情感教育和辩证思维教育二者并重的,在情感教育与辩证思维教育二者互相渗透、互相促进的班级教学理念中进行班级建设。在开展德育过程中始终践行"身体力行,行为示范,不断学习,教学相长"的座右铭,并受到学生、家长、学校和相关主管部门等多方面的肯定与表彰。班级获评优秀班集体、我也荣获多项优秀教师称号。

当然成绩属于过去,今后我还会在品德教育方面继续完善自身,将情注教育理念不只局限于班会课及其他课堂时间,而是将此理念与立德树人的德育理念贯穿于学生的课堂内外,使学生在各方面都得到提升。

培养学生自我约束和主动进步的自觉性。我通过班会课、生生交流与师生交流等方式,让学生对是非美丑有较为深刻的体悟与了解,促进学生树立健康向上的世界观、人生观、价值观,提升学生的审美情趣。比如通过"感恩父母""栽种幸福之树"等为主题的班会活动引导学生,就收到了较好的德育效果。此外,在为患病教师或学生的募捐中,我班积极组织,极力参与,受到学校、家长和社会等多方面的好评。

针对学情与班级的发展情况,我适时开展丰富多彩的活动,与学生一起学习、一起研讨、一起分享快乐,比如与学生一起作为班级方队的一员参加运动会,和学生一起为呈现一台精彩难忘的班级迎新晚会而秘密排练舞蹈,等等。这些活动拉近了我与学生之间的距离,使我们能彼此理解、信任,学生也愿意敞开心扉接受我的劝导,这样的师生关系正是我追求的。

德育与文化教育并重的教学实践,不仅能让学生拥有良好的行为规范和人文素养,营造良好的班级和个人风貌,还促进了学生文化成绩的提升。

我愿做一名行走于教育之路的教师,拥有刻苦与努力的态度和不怕困难与挫折的坚忍,未来的日子,我依旧坚持做到以人为本,情注教育,师生共同成长。

[专家点评]"爱"既是一种专业情怀,也是一种专业技能。这位教师把情怀具体化为激发学生兴趣、培养学生辩证思维和换位思考能力等方面,甚至细化到教师一个浅浅的微笑……

追求语文教学之道

——重读《语文教学谈艺录》有感

成都树德中学（外国语校区） 王华美[*]

一、保持敬畏之心

第一次拜读于漪老师的《语文教学谈艺录》，是在工作几年后准备读研究生的时候。重新翻开这本颇有年代感的书，回味几乎每页都有的勾画批注，我不禁扪心自问：随着教龄增加，读书似乎越来越少，难道仅仅是因为忙吗？

于漪老师是新时期中小学教师中的典范，被评为"人民教育家"。重读《语文教学谈艺录》我会有一种深深的敬畏之情。[①]

首先，敬畏我们的工作。我们工作的意义不只是带领学生参加考试，获取一个不错的分数。关于母语教育，客观上具有传承文明、奠基精神的功能，和其他学科一同承担着育人的重任。我们当下的工作，关系到学生的终身发展，关系到国家和民族的未来。语文学科的问题多，有些问题实际上在语文学科之外，在教育之外。每一个教师也许力量微薄，也会受到诸多限制，但我们同样可以保持向上的姿态，在有限的天地里积极作为，贡献自己的力量。试想，我们若都能像于漪老师一样用数十年光阴思考语文、探索教育，终会取得一定成果，而一个个教师的各种成果汇聚起来，又将是怎样的情景？

其次，敬畏理论和专家。随着信息时代的到来，迷信权威的风气日益消解，但是我们不能就此否定理论学习，我们每一天的工作都是在面对一个又一个具体的学生，需要发挥教师自己的聪明才智，具体问题具体分析，想方设法地解决问题。但这些具体问题的背后，必然会有规律性。有一些前辈将经验总结提炼出来了，青年教师可以直接"拿来"为己所用，何乐而不为？自语文独立设科百年以来，前人的探索乃至几千年的文化教育传统，古今中外教育学研

---

[*] 教育信条：深耕语文天地，促进生命成长。
[①] 参见于漪. 语文教学谈艺录 [M]. 上海：上海教育出版社，2012.

究成果，都有值得我们学习、辨析、传承的地方。学习当然不是顶礼膜拜或机械照搬，而是基于自身情况，面对实际问题，开阔视野，更新观念，完善知识结构，促进专业发展。

二、尊重学生的主体地位

教师通过调动各方面的积累，精心准备，走进课堂，在课堂上，通过合理组织，引导学生积极热情地参与学习过程，不仅要在知识和能力上有所发展，而且要能留下愉快的学习体验，这该是多么美好！但为什么常常听到教师叫苦、学生喊累？教师辛苦付出，学生为何不领情？问题究竟出在哪里？如果我们面对的是自己不满意的班级和学生，又该怎样做？与其抱怨，不如实干。教师应调动各方面的积极因素，用教师的热情带动学生，用有效的指导帮助学生，通过师生长期共同努力，局面自然就会发生改变。在这个过程之中，教师必须树立正确的学生观，调整心态，千方百计调动学生的积极性，创设双方交融的佳境。

教师从观念上已经能够充分认识到在教学中学生的主体地位，接下来是如何在课堂上真正确保学生的主体地位。只有教学设计是从摸清学情开始，教学方能直击学生的困惑处，触及学生的需要处。教师再依据反馈信息及时调整教学内容和方法。对学生的群体与个体进行深度了解，恰当把握"扶"与"放"的分寸，更是需要教师的耐心、观察力与智慧。

课堂上，若学生一时调动不起来，教师往往会越俎代庖，这样反而会好心办坏事，看似追求高效率，实则没"效益"。教学如果仅仅是单向传授，那么教师有操不完的心，学生也提不起劲。于漪老师认为"课堂教学的构成"应当向"从单向型的直线往复转换成网络式、辐射型"等方向发展。[①] 因此，从关注教材和知识转为关注学情，从注重"怎样教"转向注重"怎样学"。其次，培养学生积极发言、认真倾听、小组合作、主动质疑、观点碰撞等良好的学习习惯。为此，教师要用心营造学习氛围，对学生能大胆放手和进行及时肯定及正向强化。

很多时候，教师觉得方向没错，也尽力了，收效却仍然不佳，这时不要气馁也不要心急。也许是方法还有待调整和优化，也许这时需要的仅仅是坚持和静静等待，等待学生成长，等待春暖花开。而如何确保学生尽可能全面高质量参与，避免课堂成为"少数人的精彩"，处理好课堂教学的顺利推进与学生活

---

① 于漪. 语文教学谈艺录 [M]. 上海：上海教育出版社，2012：44.

动充分展开的矛盾，让课堂动静皆宜等问题，都是教师要进一步思考的。

三、践行正确的学生观

于漪老师总结自己多年的经验，结合具体案例，从多方面详细阐述她的学生观，今天读来仍颇受启发。

首先，合理制定教学目标。"教学目标是驾驭课堂的主宰。"[①] 合理制定教学目标并非易事，即便公开发表的课例或是课堂大赛的教案，仔细分析其教学目标也仍有不少问题。目标过多、过杂、过高、空洞、混乱……教学仅从经验出发，没有仔细思考过教学目标是否得宜。教学目标能反映一个教师对教育、学科的基本思考，对教材体系的把握，对文本的解读，对学情的深度了解。具体到一篇课文、一节课目标的制定，可谓"牵一发而动全身"。从整体目标出发、从课文实际出发、从学生实际出发，将知识、能力目标与德育、美育熏陶相结合，目标要明确、具体、切实可行……这可谓是经验之谈。教学工作首先要制定目标，目标是一切教学活动的起点，不可草率、随意。

其次，教师要激发学习兴趣，"兴趣是学习语文的先导"[②]，学生学语文兴趣不浓，与急于提升成绩有关，语文老师也负有一定责任。"教师如果有本领把学生学习语文的兴趣激发起来，教学就成功了一大半，学生就不以为苦，并能从中获得学习语言文字的乐趣。"[③] 操作层面，于漪老师提出"培养'热爱'的感情""把课上得有吸引力""教出味道来""向深处开掘""以自己的人格魅力和优质教学争取多一些学生热爱这个学科""兴趣的源泉在于动脑筋发现问题，自己寻求解答""珍视学生学语文的点滴积极性，热情保护，真诚发扬""以新奇的知识吸引学生""课要有一定的深度和难度""引入时代活水""以情激情"。[④] 教师若能坚持正确的方向，做个教学的有心人，多管齐下，将点点滴滴汇聚起来，相信会有越来越多的学生喜欢语文，在语文学习中收获成长和快乐。

再次，训练语言组织能力和思维能力。语言和思维是一体两面的，也是语文学科素养的核心内容。于漪老师认为教师在引导学生训练语言组织能力和思维能力的时候，贵在引导，要在转化，妙在开窍。教师应训练学生关注生活中细节的能力，注重积累素材；也可以开发学生的想象力与感性知识，多与学生

---

① 于漪. 语文教学谈艺录［M］. 上海：上海教育出版社，2012：57.
② 于漪. 语文教学谈艺录［M］. 上海：上海教育出版社，2012：77.
③ 于漪. 语文教学谈艺录［M］. 上海：上海教育出版社，2012：77.
④ 于漪. 语文教学谈艺录［M］. 上海：上海教育出版社，2012：79—97.

共同欣赏美文；还应启迪学生、鼓励学生发现问题、解决问题，培养他们良好的思维习惯。总之，语文教学不能停留于简单的多读多写，要引导学生爱思、多思、会思、深思，使学生养成良好的思考习惯，这是语文教学能成功的重要保障。

最后，扫除学生写作的畏难等情绪。用于漪老师的话说就是破"怕"、攻"难"、激"趣"。学生作文最大的困难往往在于找不到话说，写好作文要抓好生活素材的积累与阅读迁移，认识生活、探求生活的奥秘。教师引导学生以读促写，阅读精品，学会迁移，开阔视野，活跃思路。若只针对考试作文而开展应试训练，只会是无源之水、无本之木。而从写作训练来看，教师和学生关注的重点应当是思维和语言，于漪老师建议教师应"鼓励学生扩散性思维""锤炼语言，增强文章表现力""发挥习作讲评的作用"。[①] 当然，有效地训练思维和语言，还需要解决写作教学的目标、教材体系、方法策略等诸多问题。作文虽然是一个问题，但是师生还是可以共同解决问题，总归还是有路可走。简单化、想当然、没下够功夫，是无法攻克这一难题的。

四、不断提升自身素养

只有教师自身不断发展，才能更好地促进学生发展。关于教师自身发展的问题，于漪老师建议我们要清醒地认识自己，重要的理论反复学，紧扣一点深入学，拓开视野广泛学。[②] 教师要善于学习，在学习能力方面成为学生的表率。

每一个时代都有其各自的特点，老一辈通过开创性的工作，为我们奠定了坚实的基础。今天的我们是站在前人肩上的，没有理由裹足不前，更不能往后退，学习前辈的经验，和前辈对话，对于他们的理论和经验，根据实际情况进行抉择，力求在此基础上有所创新和发展。

面对学习和工作，应静下来开阔视野和心胸，既满怀热情，又遵循规律。

在成长为一名优秀教师的路上，道阻且长，我不断提醒自己应不畏惧困难，不妄自菲薄，朝着正确方向，踏踏实实行动！

[**专家点评**] 向杰出同行和教育标杆学习，是教师成长的途径之一。这位教师是一位有心的、优秀的教育人，提醒自己向行业标杆学习，敬畏是反思的

---

① 于漪. 语文教学谈艺录 [M]. 上海：上海教育出版社，2012：191-218.
② 于漪. 语文教学谈艺录 [M]. 上海：上海教育出版社，2012：233-247.

前提，对职业充满敬畏、对前辈心存敬畏，有利于推动教师开展学习。学习，是不断改进教学观念、思路与方法的必要条件，持续学习有利于更新教师的学生观、学科观等，也能提升教育教学方面的艺术水准。

附　　录

附录一　个人创作

　　教师的个人创作在一定程度上是个人才艺的展示。语文教师要在实际生活里获得真实的创作体验，带领学生阅读各类文学作品，如诗歌、小说、散文、戏剧、评论、随笔时，方可游刃有余，并能恰切"代入"；当然，不可否认的是，个人创作还有愉悦身心和激发创新活力等难以穷尽的价值。

　　如果说"一群不阅读的人在教人读书"是针砭教育界现实的话，"一群不写作的人在教人写作""一群不创作的人在教人创作"就是针对语文教育者而言的。诚心做教育、诚心教语文的人应力图改变这种局面，因为他们视教育教学为自己的生活，而不仅仅是一种职业。

　　换个角度说，从教者并不写作或创作，或者写得少，并不能说这人没有好好做教育；放眼望去，教育界的语文学科有心人，他们教书育人没落下，专业写作和个人创作未松懈。

　　故而，我们应特别珍视语文教师的个人创作。

无　题

谭　艳

　　绿翠银萝汀兰渚，熏风帘卷，杜鹃声里春寒闭日，玉楼金阙凭阑处，青峰隔云端。

　　枕欹玉簟微晗露，淡柳月梢，金丝银雀把盏北望，曾记起煮茗对吟，侵晓窥檐语。

逐梦高考

文春霞

韶光飞逝高三半，高考逼近心怎安？
精卫填海终有尽，亡羊补牢时未晚。

闻鸡起舞日复日，挑灯夜战天又天。
懒梳洗来倦闲谈，只为六月偿所愿。

渔歌子

王 玉

碧丝扬，青波渺，暖风涤荡春尚早。棹影绰，入深沼，垂纶展杯醉笑。
月满江，炊烟袅，夜阑人静归家好。下汀渚，踏归道，迷醉不知要妙。

驾驭自我

陈剑泉

我是展翅的大鹏，还是低飞的学鸠？
我是扬波的巨鲸，还是悠游的鲫鱼？
我是凌云的松柏，还是柔弱的小草？
我是嚎叫的野狼，还是徜徉的绵羊？
我像逐日的夸父，宁可死亡，
只想灵魂告诉我，
我是谁？

他是高远的天空，还是低矮的榆枋？
他是浩瀚的汪洋，还是潺潺的小溪？
他是巍峨的大山，还是小巧的庄园？
他是苍凉的大漠，还是温暖的河畔？
这神秘的世界，让人费解，
只想上苍告诉我，
他是谁？

谁是谁的追逐？
谁是谁的家园？
谁是谁的选择？

谁又把谁舍弃?
谁能经历大风大浪?
谁能享受江南细雨?
谁与谁的关系,错综复杂,
只想神灵告诉我,
谁能主宰谁?

天空存在,大鹏不会抢夺学鸠的爱好;
汪洋存在,巨鲸不会羡慕鲫鱼的悠闲;
大山存在,松柏不会渴望小草的纤美;
大漠存在,野狼不会具备绵羊的情怀。
这大千世界,自有法则,
理智告诉我,时时解剖自己,
大有大的选择,小有小的取舍,
厘清他我关系,就能驾驭自我。

从适当的高度往下看

刘小芳

沿着一只蚂蚁的眼睛,
从适当的高度往下看,
我前生的尾巴,
长在一匹狼身上
或一头狮子身上,
它们走在昨天,
或明天。

一群我走在岔道,
被很多路分流,
向未来运送,
我身体里爬满白蚁,
手掌里飞舞着一群黄蜂,

像一个隐喻。

在这生物的社会，
跟踪一条暗流，
我很庆幸，
几千年来，
我终于长成了，
动物的模样。

丽江的丽

谭 艳

那是一段美丽的相遇，
你不曾涂脂抹粉，
厚实的古道敲打着岁月的沉淀，
山岚岚，
水泠泠，
风在林梢。
我刻意走过，
不曾回首，
来不及回首，
用手抚摸着，
轻吻再轻嗅，
草甸的匆忙，
马背的踯躅，
泪水全无，
只寻得梦中的四方桥，
载着我的慵懒与不适，
流过渊源岁月，
我就是那朵格桑花，
为你而生，
羊群朵朵，

山坞摆放着大地苍穹，
此时此刻让美好浸润让流年驻足，
如果有来生，
我不会错过。

恍惚间岁月分流，
一年四季求得几次轮回，
丹巴藏着一个四季，
心怀着慈悯。

美丽的金沙江畔，
有彼此的信仰，
脸颊的绯红沧桑的程海，
翻一页人生，
道尽曾经的来时。

古城还是你我，
没有一丝一毫的隽永，
雪山伟岸裹挟着高原炽热的情怀，
一山一水之间，
绚烂与苍白，
雄壮与朴素，
藏在一座小城。

栖居于天地之间，
轮流守候于心灵深处，
倒映在深水泥潭，
想象世界的苍穹，
浩渺的宇宙，
象形文字与纳西古乐见证神圣的古老，
转眼之间，
渐行渐远……

追 梦
文春霞

看野花生长，
听蝉鸣夏光，
草籽旋转着从耳边游过，
百鸟飞掠割出细碎的微光。

想亲吻一泓泉水清扬，
不必在意迷途的惆怅，
五月正骄阳，
追梦的旅途就是这样，
花大把时间踌躇，
也会在某个瞬间成长，
像是风会记得一朵花的香，
一切都将在离梦最近的地方，
点起耀眼的火光。

湖与湖之间的呼吸
王 玉

遥不可及，我听见一声赤诚的召唤；
近在咫尺，我闻见一缕淡淡的安静。
干干净净的空气哟，
把我引向了这片丰饶的土地，
牵动起那一缕缕甘甜的回忆。

草儿在飞舞、花儿在轻吟，
每一滴水儿都飘落得无声无息；
马儿在奔跑、云儿在追逐，
每一阵风儿都将我的裙摆肆意吹拂。

没有赤橙黄绿青靛紫的交相辉映，
没有彩蝶翩跹以爱之名的觥筹交错，
它们静静地躺在三千米之上自由呼吸，
被打搅了不怨怼、面对离别不忧伤。

来了，没有拒绝我的热情；
走了，没有挽留我的言语；
……
你们让我心动得没有边际。

致我们芬芳的年华

艾 刚

《芳华》自上映以来，看了影片简介，又看了许多人的影评，本不想去看，妻说："再不看就下架了。"便在周末去凑了个热闹。影片对我而言，最大的收获是引发了我的一些感慨和追忆，我想借此致敬我的朋友。

一

1991年，当学校旁边油菜花开满田野的时候，一群人钻到油菜田里，躲到油菜花下。略微有点灼热的阳光从花瓣缝里透下来，只剩下明亮和温暖。我们一起玩扑克，一起嬉闹，骑着自行车，特别洋气。也会到学校操场上骑自行车，一路上狂按铃铛，彼此间狂追狂喊，打破了校园的宁静……

那时候自行车还算个稀罕物，我刚刚学会了骑自行车，总想在学校旁边的泥巴路上一展身手。也许人类骨子里就有不安分的因子，有向外探寻的渴望，在一个春天的周末，我们十多个同学出发了。有个女同学在半路上摔了下来，膝盖和裤子摔破了，车没事儿，这事儿让大家挺担心的。最神奇的是，我们骑车穿过富溪场，直奔爱国学校。我们在富溪场路过，还带了篮球，富溪中学的学生看见了，误以为我们是去找他们打篮球的，又是准备场地，又是请裁判，结果等了半天，都没见我们再骑回来。他们认为被戏弄了，于是邀约了一大帮人在富溪场上等我们。幸好那时候交通不便，自行车也很少，才没有被他们直接追过来，也幸好我们骑行得有些远，等我们回来再次经过富溪场的时候，他们已经等得不耐烦撤走了。

但当年金黄的油菜花散发的芬芳,连同自行车的车辙都印在了那年。

二

学校旁边有一大片竹林,竹林也是我们的乐园。除了夏天可以在里面抓笋子虫,还可以藏在里面看小说。因为里面不常有人经过,所以常有同学放学后在里边玩弹子。玩弹子是要讲输赢的,是以弹子本身为赌注,后来发展为一个弹子五分钱、一角钱、两角钱。当时我们在学校打一份素菜只要一角钱,打一份荤菜也只要两角钱。我口袋里通常是没有钱的,而且打弹子的技术也很差,所以通常就作壁上观,看个热闹。有时候他们玩到很晚,听说有一次隔壁班的同学玩弹子,玩得太晚,怕回家被骂,就把竹林旁那户人家的鸡给捉了,到不远的一个同学家吃的饭,吃了鸡之后才敢回家。而且第二天还在班级上向相好的同学炫耀说鸡肉真好吃。谁知天下没有不透风的墙,没过几天,那户人家就找到学校要求偷鸡的人对他进行赔偿,事实证明,天下没有白吃的午餐。

当时,最受学生欢迎的游戏是《魂斗罗》,可以是一个人打,也可以是两个人一起打。最初的时候,一局三个小人,每个小人五分钱;再后来,涨到每个小人一角钱。往往是打的人少,看的人多。游戏机旁被围得水泄不通,手握游戏机控制柄的人聚精会神,旁边的观众也是紧张得不敢眨眼。

"打,快打!"

"左边出来了,打左边!"

"跳,快跳!躲炸弹!"

"老王来了,使劲打!只打一个地方,把它打爆!"

那个游戏机是插卡的,连着一台黑白电视。关于如何闯关,如何打老王,一轮游戏结束了,操作者和观众还可以交流探讨一下经验。

隔着一间屋子,那里有两张台球桌,我在这里认识了斯诺克和花式九球,认识了球杆和滑石粉,平生第一次用球杆击打母球,将球撞进球袋得分。

端午节过后,太阳火热起来,通常每天中午饭后是伙伴之间最愉快的时光。在学校吃了午饭,我们便两三个同学约着一起去离学校很近的沱江游泳。那时候没什么安全意识,虽然老师和家长也提醒过我们不要去河里游泳,但我们那时早已将他们的叮嘱忘到九霄云外了。当然,我们是悄悄地去,悄悄地回,怕被发现后挨罚。

那天,我和其他两位同学回学校,远远地就感觉到整个学校异常安静,似乎气氛不对,走进校门才发现所有班级的学生都被安排睡午觉。那时条件简陋,学生只能趴在桌子上睡,有几个老师在执勤。我们三个没有注意到那个通知，当天是全校第一次组织睡午觉，我们却私自跑到河里游泳了，正好被老师"捕获"在学校门口。然后教师开始盘问我们：到哪里去啦？去做什么了？我们当然不能说去河里洗澡了，只能说我们是中午回家吃饭去了。旁边有教师知道我们三个的家离学校不远，中午回去吃饭也是正常的。但是老师也有查学生游泳的绝招，就让学生把手拿出来，在手臂上用指甲轻轻挠一下，如果挠出一道白色的印子，学生肯定就是去河里游泳了。只不过我们三个从水里起来已经走了六七百米了，天气又很热，已出了一身汗，根本挠不出什么印子了，也就侥幸过关啦。就这样，我们偷偷地在河里学会了游泳。

三

进入初三后我们都很认真地读书了，即使是不认真的，也做出一副很认真的样子了，我们隐约知道命运会在这里开始分叉。

那是初中的最后一个冬天，下了一场特别大的雪，冷得特别厉害，我和几个同学对雪倍感新奇，邀约着玩雪去。我用手抓菜叶上的雪，整理了满满的一桶，结果当晚双手肿得像面包一样，握笔都很费劲儿。当时我们的教室窗户连一块玻璃也没有，学校买了几块厚实的篾席，把窗户蒙起来。当年我们的学习条件就是这样艰苦。

在那个冬天发生了一件事，有一天晚饭的时候，我们整个班蒸的饭上面都布满了鸽子屎，饭盒上铺了白花花的一层。后来才知道，据说是某位同学，准备去抓刚回巢的鸽子，也许是去捡鸽子蛋，结果将整个鸽笼弄下来了，正好砸在饭灶上，灶上蒸的盒饭立刻铺上了一层鸽子屎，那晚，大家都没吃饭，老师当起了炊事员，给大家煮面吃，大家过起了共产主义生活。据吃过的同学说，那晚的面味道很不错。

还有印象深刻的一件事，有一天早上我们没有按时起床。那时常常停电，有一天半夜停电，早上我们寝室四个人都睡过头了。老师冲进我们的寝室，扯掉了我们的被子，叫道："这么晚还不起床，哪像读书的样子，看你们！……"声音虽然不大，却充满了恨铁不成钢的愤怒。我们几个小伙伴从梦中惊醒，吓得面面相觑，不敢说一个字，迅速起床。看时间已过了七点，因为停电没有响起床铃。那是唯一睡过头的经历，记忆犹新。被老师揭被子的这个过程，永远留在了记忆里。而一直想对老师说句抱歉的话，却也没有机会能说出来，现在竟是永远也说不了了，因为当年的语文老师早已因病作古。

日子是快乐的，日子是热烈的，日子是简单的，日子是羞涩的，日子是伤感的……岁月碾过去的，有不舍的喜悦，也有不舍的遗憾。

暴雨暴走

陈剑泉

何小舫女士以锻炼身体的名义,发出了暴走倡议,小区响应者前后有二十余人,我的骨子里摇荡着减肥、释放、运动等词语,于是我也成了暴走团队中的一员。

前几天的暴走,虽然挺累,但还是很令我满意的。每天暴走的成员多则十一位,少则五六位,晚上七点钟出发,先沿公路疾走,再到公园绕两三圈,或到艺术公园,或到棠湖公园,或到中心公园,晚上八点半左右结束,行程约六公里。三天下来,自我感觉良好。虽然小腿略微有点疼,右脚踝有点酸,右脚中趾尖磨破了点皮,但暴走的热情却是满满的。其实比较满足的还是几个朋友一路行走,一路侃大山,将一天的浊气吐出,接纳自然赐予我们的清新,陶醉于湖光山色和杨柳清风,伴着越来越淡的夕阳,迎着万家灯火,将身体里的疲惫、烦恼、忧愁释放给流水与白云,回到家,洗个澡,换一身干净清爽的衣服,躺在床上,打开电视,迷迷糊糊地进入梦乡,那才叫一个惬意啊!

不过,最畅快淋漓的一次是在暴雨中的暴走,那是一次精神的洗礼,是一次本性的彻底张扬,也是一次与天地的融合。

那天,参与暴走的有七人,刚出发时,斜风细雨,大家都不在乎,每人手里带着一把雨伞。我最初也是撑着伞行走的,几丝细雨斜飞过来,沾在我裸露的小腿上,凉幽幽的,有一种意外的惊喜。我索性收起伞,在雨中感受着一切,从思想深处送来了几滴雨,路边梧桐摇着几片云,湖边杨柳挂着几缕情。一阵清凉将郁积在体内的整个夏季的热量清空。风儿休息的间隙,雨儿停脚的瞬间,湖光宁静成了一个梦,山色朴素成了一幅画。突然,像得了什么命令一样,所有的树拼命地扭着腰肢,天空霎时暗了下来,天河决堤了,天上的水往下倒,地上的水到处流,湖面仿佛蹦跳起来,梦破碎了,画撕毁了。我们几个行走的人被迷茫的天地模糊成淡淡的符号,在水雾中酿成了神秘的故事情节,冲击着人们凄冷的想象。

刚才还是温柔可爱的雨水转瞬就以千钧万马之势笼罩了整个天地。水有三大优点,一是柔,二是停留在低的地方,三是滋润万物。然而雨水却也有万马奔腾、锐不可当之势:最宁静的,也是最疯狂的;最卑下的,也是最坚强的;最柔弱的,也是最强大的;最冷寂的,也是最热烈的……我们在暴雨中仍旧疾行，每个人都不再撑伞，伞已抵挡不了风雨的暴虐，路面淌着四处横流的水，大家保持着沉默。在这风雨交加的静默中，我们这群疾走的人体会到了大自然的力量。淳厚、坚韧、希望、冷静……我们在狂风暴雨中行走，犹如不惧艰难困苦的士兵，亦如在人生的风暴中逆行的人。这一次暴走的经历令我感悟良多，令我印象深刻。

漫游云杉

谭 艳

  时隔两年，恍惚一世。算而今，身为形役，浮生遭际如在昨日，全然没当时之心境，神思缥渺，在乎天地之间，纳西人民淳朴憨厚，至善至美，历历在目，故地重游，心头叨念不止，云杉之境胜过仙景。
  驱车行走在路上，先是平原壮阔，车行如野马奔驰不息，有一马平川之势，迅疾驶过。霎时间，乌云遮天，雨打车篷，密密麻麻细雨如织，让人不辨牛马。雨具未带，暗自烦扰，恐狼狈不堪，顿时无趣。而后蜿蜒盘旋，两边巉岩峭壁，时而小雨，时而倾盆，行至山脚索道处。下车寻得雨具便欣然乘缆车直上云顶。
  山顶雾气蒸腾，氤氲缭绕，雨丝如帘紧锁，阻断远山千峰。同行者皆披风踏雨前行，踏一木板铺就的小径，向云深处探去。道旁云杉古木参天，百草丰茂。寒泉浸，几峰奇石。脚蹬凉鞋，步履蹒跚，惧木梯湿滑，唯恐跌落，幸有杖藜扶我，忻然自得。忽而，远处传来渺茫的驼铃声，知是目的地，便豁然开怀。想诸多游人择舟车而乘之，与步行相比，让人不解。
  草原平旷，几群牛羊点缀其中。四周栅栏环绕，供千里之外的游客驻足观赏。
  小草青色欲滴，混杂着泥土味，加之潮湿的空气，使人神清气爽。花儿如草坪的舞者，偶有几朵，更显妖媚。白的、粉的、黄的，信手轻捻，暗香盈袖，芬芳扑鼻。牛羊慵懒悠然，放眼一望，似湖面上横卧的船只。远离近处的喧嚣，寻得无人处，耳畔萦绕窸窸窣窣的声响，正是牛羊啃草的声音。仰头相向，山气逼人。山间飞瀑凝结成冰，终年不化。表层光滑，但山势巍峨高耸，似直入云霄，立于乾坤日月间，岿然不动。沐浴自然的恩赐，毗连玉龙雪山，与之一脉相承，如江水浩浩汤汤涌来，来不及回神，顿时，天空撕裂，云雾渐散，霞光映射。雨后初霁，道旁野菌丛生，鲜嫩夺目。
  愈到深处，人迹罕至，青苔布满，木板愈滑，几经滑落，终又自保，兴尽时方觉腿脚受寒，旧伤复发。正无路可走时，发现有一路径，杂草丛生，无木板铺就，可通向森林更深处。不敢前行，恐兽出没，原路返回。路旁偶有标示"明火不入森林"。的确，木制亭台，木制小屋，木制栅栏，木制栈道，这一切的一切，正显示森林资源之丰盛，草原上有几处低洼地势，是否那里也曾是丛林遍布？人类在砍伐自然的同时，也要保护生态不受破坏，那就还给自然以本真，寻找自然的平衡之处。外游小记，聊以自慰。

玻利维亚支教散记

袁记双

确实，单从空间距离上来看，这里可能是距离中国最遥远的地方。这里似乎是一片被遗忘的国土，还带着一点原始风貌。

何其有幸，我能够以国侨办派出的汉语教师志愿者身份前往印加文明的发祥地之一——玻利维亚的圣克鲁斯工作一年。它位于玻利维亚东部，是该国第一大城市。圣克鲁斯是世界上发展最迅速的城市之一，是玻利维亚最重要的商业中心，也是世界上最受青睐的移民城市之一。据说这里有中国侨民3000多人，多是20世纪从福建、上海等地移民过去的，在当地多从事餐饮、商业贸易等行业。他们敢拼敢闯，带着中国人的勤劳聪慧，在这里逐渐扎根。

在圣克鲁斯比鲁比鲁国际机场，迎接我们的是中国驻圣克鲁斯总领馆的闫领事和华文学校的陈校长一行。两天的飞行让我一直处于陌生环境中，当再次看到中国人的面孔，心里一下子感觉踏实了很多。在大洋彼岸，黄皮肤、黑眼睛，讲中文，仿佛是我刻意搜索的信号。尽管我知道，中国人的足迹遍布世界各地。但在如此遥远的国度，依然有中国人漂洋过海，在此安营扎寨，落地生根，令我十分诧异。

定居玻利维亚的华人虽然已经融入了当地的生活圈，但是离得再远，走得再久，他们依然根系华夏，魂绕故土。黄色皮肤里流淌的依然是炎黄子孙的血液，骨子里沉淀的依然是华夏民族的观念。对出生于当地，对中国日渐陌生的孩子，父母害怕他们丢失了中华的根，便失去了民族的血脉。而中文，就成了维系中华文明最有力的武器。不得不感慨，泱泱中华民族上下五千年，文明能源远流长，绵延不绝，要归功于我们有彼此认同的文字和语言。这种力量，坚不可摧，牢不可破。我走进华文学校的大门，迎面看到的就是"热爱祖国，传承文化"。他们把传承文化作为学校的办学宗旨，把传统文化薪火相传视为自身的使命。学好中文就意味着掌握了打开中华文明的钥匙，就意味着为自己的人生开辟了崭新的道路。当我身处异国他乡，深深地体会到，汉语在我心中是最美丽的语言。

圣克鲁斯国际学校是一所以英文为主要教学语言的学校，师生在校只讲英文，学费昂贵，所以这里的学生基本上都是来自于高收入家庭，父母文化程度也较高，学生的家庭教育也比较好。一天，五年级 B 班的 Sofia 拿着一块橡皮让我看，原来上边印着"Made in China"。没想到一块小小的橡皮，也漂洋过海来到了这间教室。记得第一节课的时候，她还在世界地图上指给我看中国在哪里。她很想去中国，我问她知道中国的什么，她说知道华为手机、Jackie Chan（成龙）、长城、熊猫和超市里的中国商品。这个班的班主任 Silna 今年年底会被学校安排到中国参观，Sofia 很羡慕。他们很想看看高铁是什么样的，想知道中国人是不是都会功夫，火锅和变脸是怎么回事……很庆幸中国从任人凌辱宰割的屈辱中走出来，披荆斩棘，阔步前行，走上了国际舞台，能将硬实力和软实力展示给全世界。在华文学校的学生中，有三四个曾到中国上海留学。其中 Naidet 到上海外国语大学读书，会用微信，会发一些简单的中文信息。她还告诉我，特别喜欢吃中国的小笼包和馄饨，她的很多同学都想到中国留学。我们凭着民族文化走向了世界。

圣克鲁斯国际学校校长 María 女士曾受邀到访过北京、上海、西安等城市。她对中国文化非常感兴趣，所以她回国后在中国驻圣克鲁斯总领馆的帮助下，邀请华文学校老师为小学五六年级的学生开设了中文课。我把剪纸、京剧脸谱、皮影、筷子等文化元素融入课程之中，不仅大大提高了当地学生学习中文的积极性，而且增强了当地学生对中国文化的了解。

玻利维亚人性情温顺、谦虚和气，行走在街头，你很难看到电子眼之类的设备，也很少听到汽车鸣笛的声音。在十字路口，车子会礼让行人。在玻利维亚工作的一年，还真没怎么见到街头争吵的情景。市内的公交车是招手即停的运营模式，公交车随时会停下来，后边的车辆会依次停下，直到公交车再次启动。我感到很奇怪，他们为什么不设置专门上下车的站点呢？现代社会很看重时间，但他们似乎对时间没有很强烈的感受。一次我们应邀参加西班牙语老师的家庭晚宴，邀请函上写的是下午七点，我们就赶在下午七点之前到达，结果一个客人都没到，等到快八点的时候才陆续有客人到。对于华文学校的成人班学员，迟到也是常事。当今中国，各行各业迅猛发展，处处在讲速度、提效率、赶时间，快捷高效成为一种趋势，过一天慢日子成为一种奢侈，我们都被裹挟着往前赶，拖起灵魂，疲于奔命，生怕被落下了……

当地人酷爱戴帽子，哪怕该国常年高温。我们从华人那里了解到，当地人认为头是灵魂的庙宇，必须戴上帽子呵护自己的灵魂。在首都拉巴斯，有很多人戴的是一种护耳毛线帽，这种帽子两边分别有个小辫子，图案是羊驼之类的；而成年女性则往往会戴那种大檐高顶毡帽，除此之外，还有很多样式多样、色彩艳丽、质地不同的帽子。这算得上是当地的一种特色文化，令我记忆犹新。

回国后，很多人问我在玻利维亚吃饭是否习惯。虽然当地饮食方式是欧洲式的，但是食材多是我们常见的。土豆、玉米、番薯、番茄、花生、辣椒等都是原产于美洲的农作物。当地街头经常见到一种形状酷似饺子的食物，个头比较大，馅是各种肉和菜，油炸过的，可以直接吃。中国人在当地开的餐馆也比较多，中餐价钱比较高。在餐饮店，炸鸡、烤肉和可乐简直是标配，如果你想要喝酒就只能到酒吧了。玻利维亚的节日很多，到了那一天该放假就放假，不调休。所以家庭派对就特别多，特别有意思的是，家庭成员过生日，他们会请乐队在家门口吹、拉、弹、唱助兴，家人和朋友几乎是通宵喝酒、聊天、唱歌，不会被邻居投诉扰民。离我的住处不远的地方还有一个广场常常有盛大的活动，虽然不清楚他们在庆祝什么，但是少不了的一个节目就是男女老少聚在一起唱歌、跳舞、喝酒。玻利维亚人都非常喜欢饮酒。醉汉东倒西歪、露宿街头的倒也常见。不少华人常常抱怨雇佣的当地工人，给他们发了薪水就跑去喝酒，第二天还在烂醉中而不能上班。

而今，我已回到美丽的四川，在这秋意瑟瑟的日子里，咀嚼着过去一年领略到的南美风情，再次回味着难忘的异国支教生涯，顿感思绪万千，仿佛又回到了那个遥远的国度……

附录二　蒲儒刬名师工作室历届成员名单*

序号	姓名	工作单位	届别	职称及部分荣誉
1	刘仁洪	四川省成都市郫都区第一中学	区首届	高级教师、2013年成都市优秀青年教师
2	李聪沛	成都七中（高新校区）	区首届、市首届	一级教师、《诚实守信》一课荣获中国陶行知研究会中学教育专业委员会第十五届学术年会全国课堂教学大赛一等奖
3	肖赤峰	四川省成都市郫都区第一中学	市首届	高级教师、2017年成都市学科（技能）带头人
4	何春阳	四川省成都市郫都区第一中学	市二届	高级教师、2017年成都市学科（技能）带头人
5	冷莉梅	四川省成都市郫都区第一中学	市二届	一级教师、2016年成都市教坛新秀
6	任萍华	四川省成都市郫都区第一中学	区三届、市二届	高级教师、2020年成都市优秀班主任
7	袁记双	四川省成都市郫都区第一中学	区三届	高级教师、2007年南阳市中小学师德先进个人
8	吴晓菲	四川省成都市郫都区第一中学	区三届	一级教师、2019年度郫都区教育科研先进个人、2011级普通高中教育教学工作郫县"先进个人"
9	陈丽	四川省成都市郫都区第一中学	区三届	一级教师、2013级普通高中教育教学工作先进个人
10	李军强	成都市郫都区友爱子云学校	区首届	高级教师、2010—2012年度成都市优秀班主任
11	吴英	四川省成都市郫都区第二中学	区首届	高级教师、2022年成都市郫都区优秀教师

---

* 蒲儒刬名师工作室运行十年参与研修的学员名单。运行期间，先后有区级学员三届、市级学员两届，正式学员和跟班学员共三十人。表中分别列举他们的姓名、工作单位、届别、职称及部分荣誉，以作纪念。

续表

序号	姓名	工作单位	届别	职称及部分荣誉
12	文春霞	四川省成都市郫都区第二中学	市二届	一级教师、2019—2021年成都市级骨干教师
13	杨敏	四川省成都市郫都区第三中学	区二届	一级教师、2021—2022年度"优秀班主任"、2019—2021年成都市级骨干教师、2019年成都市郫都区"优秀教师"
14	王玉	四川省成都市郫都区第三中学	区三届	二级教师、2019届普通高中教育教学工作优秀教师
15	黄晓红	成都石室蜀都中学	区首届	一级教师、2021—2022年度"郫都区德源镇优秀教师"
16	周涛蕾	四川省成都市郫都区第四中学	区二届	一级教师、2019级普通高中教育教学工作中先进个人
17	李霞	四川省成都市郫都区第四中学	区首届	高级教师、《聚焦人物舞台 读懂小说主旨——小说鉴赏之分析社会环境》在2019年全国"统编本语文教材"课堂教学成果展评一等奖、2014—2015年度郫县"四有"好教师
18	郭晓颖	成都市郫都区教育局	区首届	一级教师
19	艾刚	成都石室蜀都中学	市首届	高级教师、2020年成都市优秀德育工作者
20	谭艳	成都石室蜀都中学	区二届	高级教师、2014—2015年度德源镇的"镇优秀教师"
21	胡绍华	成都石室蜀都中学	区三届	一级教师
22	向宝泉	电子科技大学实验中学	市首届	高级教师、2013—2014年度成都市优秀班主任
23	王华美	成都树德中学（外国语校区）	市首届	正高级教师、2021年成都市学科（技能）带头人、2022年成都市普通高中语文学科优秀中心组成员
24	张捷	成都树德中学（外国语校区）	市二届	高级教师、2011年成都市优秀青年教师
25	陈剑泉	四川省双流中学	市首届	正高级教师、2012年四川省优秀教师
26	刘小芳	四川省双流中学	市首届	一级教师、2021年成都市学科（技能）带头人

续表

序号	姓名	工作单位	届别	职称及部分荣誉
27	孙幼佳	成都市石室天府中学	市二届	一级教师、2017年成都市双流区第九届高中语文学科带头人
28	李红梅	四川省金堂中学校	市二届	一级教师、2022届普通高中教育教学的"优秀教师"
29	闫朝玉	四川省成都市郫都区第四中学	跟班学员	一级教师
30	雷 亚	四川省成都市郫都区第二中学	跟班学员	一级教师
31	蒲儒刓	四川省成都市郫都区第一中学	领衔人	正高级教师、2010年荣获中学特级教师荣誉称号、2019年荣获四川省教书育人名师

后　　记

　　2011年12月一个寒冷的冬日，在郫都区名师工作室启动仪式上，我宣示要"诚于道，工于思，精于艺，笃于行"，继而是十年艰辛而漫长的研修，效果留给他人评说吧。在此概述我团队的主要研修成果，以小结过往，也期待对教育同仁有所启发。

　　第一，课堂即研修。基础教育工作者的研修不同于高校或科研院所的研究，我们的研修既以课堂中存在的问题或学生的问题为起点，又以解决相关问题而促进学生发展为终点。所谓课堂，第一类是常态课堂，学生坐姿座位、听课状态、学科作业、课文背诵等进入视野的所有环节都是我们的关注点，发现问题并有针对性地解决问题；当然基础教育工作者的研修重点还在"六化"——生活化、活动化、结构化、可视化、艺术化和游戏化的建设。记录自己在课堂教学中发现的问题及相关思考，日常研修必须时时处处做以利于改进课堂教学。名师工作室内刊《诗与思》先后刊行了八期，大部分内容即为日常研修笔记，本书中的教学叙事多源于此。第二类是专题研修课堂，主要包括各类区市级培训、省内及国内各类展示课堂，这类课堂要么聚焦某个主题，要么围绕主题展开，我们曾先后承担八轮市级高中语文精品课培训活动任务，分别以"创造性思维能力培养""传统文化教育""群文阅读中高阶思维能力培养"等主题展开系列专题课堂教学和讲座。第三类课堂是对以音像、文本为载体的"他者"课堂的研究，所谓"他者"指除研修者以外的同行或优秀者的典型课例，曾重点研究过王荣生的《语文教学内容重构》等书中的优秀课例，这类课例能突破时空之限，拓展研修视野。团队成员还自主涉猎各类优秀课例素材，采众家之长，成一己之优。

　　第二，课题是主线。课题研修，其目的并不在于迎接检查、评职称等，它最真实的价值在于将日常研究序列化，日日随机积淀有利于形成个人和团队研修的主线和教育教学风格。十年间，我们先后开展了"诗歌教育模式研究"

"语文教学中想象力开发的研究""基于文体特征的想象力与思辨力开发的研究""拔尖创新人才早期培养链的研究""群文阅读中高阶思维能力培养的研究""以《论语》为基点的思维教育应用研究""以老庄为基点的思维教育应用研究"等课题研究,这些研究始终紧贴课堂和学生实际,同时能明显呈现"想象力开发—想象力与思辨力融合开发—高阶思维能力培养—传统文化教学资源开发"的逻辑线,而"思维教育"是课题研修的重中之重;算上前后延伸时间,团队开展的相关研究跨越二十年有余,这在国内同行里也算时间长的了;最为重要的是,我们用"诗与思"囊括了专业研修的所有活动和成果,较为贴合"思维教育"的真实意涵。

第三,读书做引擎。观念决定行动,教育观念能引领教育活动。读书的目的是更新团队成员的教育教学观念,并使所有研修活动获得稳定的学理支持。我们的阅读以"思维教育"为原点,顺次展开为三个层面:其一,语文思维教育学科专业阅读,是紧贴语文思维教育展开的研修阅读,如王荣生的《语文科课程论基础》、张心科的《语文有效阅读教学》、于泽元的《群文阅读的理论与实践》和孙绍振的《文学文本解读学》等。其二,教育教学专业阅读,是就一般教育教学基础理论和前沿研究展开的学习,如何克抗的《创造性思维理论》、何齐宗的《审美人格教育论》、奥斯本的《创造性想象》和胡庆芳的《课例研究,我们一起来》等。其三,相关拓展性阅读,是在前者的基础上对阅读广度和深度的突破,如张世英的《哲学导论》、陈鼓应的《庄子今注今译》和《老子今注今译》、加纳德的《智能的结构》、帕克·帕尔默的《教学勇气》、马丁·塞利格曼的《真实的幸福》等。按工作室每月一册的阅读节奏计算,十年来工作室阅读总量达到上百册,工作室经费是十年来支持团队成员持续性阅读的有力保障。

第四,研修共同体。名师工作室领衔人与学员构成了研修共同体。领衔人在工作室研修理念、策略、具体计划及实施等方面要领先思考、设计和执行,并无更多特权。十多年来,我在课堂研究、课题研究、读书学习等方面既是这样想的,也是如此做的,我和工作室团队成员之间相互促进、相互帮助,彼此成就。

感谢十年来工作室共同研修与成长的历届同仁!

在此特别感谢多年来为蒲儒刿名师工作室提供支持的李国栋老师,他为本书蒲儒刿所写叙事做专家点评,其余各则叙事后的专家点评均为领衔人蒲儒刿所写。

  感谢区市两级教育主管部门——成都市教育局、成都市教育科学研究院、郫都区教育局、郫都区教研培训中心有关领导的支持和帮助！

  感谢四川省成都市郫都区第一中学及历届学员所在学校有关领导、同事的支持和帮助！

蒲儒刈

2022 年 9 月 20 日